Erwin Lutzer
Verrat an Jesus
Sechs Lügen, die über den
Weltenerlöser verbreitet werden

Voller Zuneigung John Ankerberg gewidmet,
einem brillanten Verteidiger des Glaubens,
einem passionierten Evangelisten und einem treuen Freund.

*»Seid aber jederzeit bereit zur Verantwortung
jedem gegenüber, der Rechenschaft von euch
über die Hoffnung in euch fordert.«*
(1. Petrus 3,15)

Erwin W. Lutzer

VERRAT
JESUS

**Sechs Lügen, die über
den Weltenerlöser
verbreitet werden.**

Impressum

Lutzer, Erwin
Verrat an Jesus
Sechs Lügen, die über den
Weltenerlöser verbreitet werden

Titel des amerikanischen Originals:
Slandering Jesus, German
Copyright © 2007 by Erwin Lutzer
German edition © 2008 by Christliche Verlagsgesellschaft mbH,
Dillenburg, with permission of Tyndale House Publishers, Inc.
All rights reserved.

© 2008 Christliche Verlagsgesellschaft mbH, Dillenburg
www.cv-dillenburg.de
Satz: CV Satz
Umschlaggestaltung: Christoph Ziegeler, Bremervörde
(www.pixel-kraft.de)
Druck: CPI Moravia, Pohorelice

Printed in Czech Republic

Inhalt

> »... die Chancen stehen 2,5 Millionen zu eins dafür, dass das
> Grab in Talpiot das Grab von Jesus von Nazareth ist.«
> The Jesus Family Tomb

> »... und (weil sie) [die Juden] sagten: ›Wir haben Christus
> Jesus, den Sohn der Maria und Gesandten Allahs, getötet‹ –
> aber sie haben ihn (in Wirklichkeit) nicht getötet und (auch)
> nicht gekreuzigt.«
> Der Koran, Sure 4,157 (Übersetzung Paret)

> »Doch du wirst sie alle übertreffen; denn du wirst den Mann
> opfern, der mich kleidet.«
> Jesus, zitiert nach dem Judasevangelium
> (Übersetzung Angermüller und Bettin)

> »Was wir brauchen, ist eine neue Fiktion ... wir brauchen eine
> neue Erzählung von Jesus, ein neues Evangelium, wenn Sie so
> wollen, das Jesus auf andere Weise in den großen Zusammen-
> hang einordnet, in die erzählende Geschichte.«
> Robert W. Funk

> »Maria wurde von einem römischen Soldaten namens Panthera
> geschwängert und von ihrem Ehemann als Ehebrecherin
> vertrieben.«
> Celsus

> »Einer der größten Fehler, den wir machen, ist zu glauben, dass
> es nur einen Weg zu leben gibt. Es gibt viele Wege, viele Wege,
> um zu dem zu kommen, was Sie Gott nennen.«
> Oprah Winfrey

Danksagungen

Ein Buch zu schreiben, ist nie das Projekt eines Einzelnen, sondern eine gemeinsame Aufgabe mit denjenigen, die bei Recherche, Lektorat und schließlich der Buchproduktion helfen. Mein besonderer Dank gilt Michael Thate, einem brillanten jungen Wissenschaftler, der mir bei der Recherche und dem Schreiben von Kapitel 3 und 4 geholfen hat. Sein Fachwissen um die Kontroverse über das Judasevangelium und seine profunde Kenntnis des *Jesus-Seminars* halfen mir, Klarheit in meine Gedanken zu bringen, so dass die Themen auf gute Weise angesprochen werden konnten.

Dr. Darrell Bock, Professor am *Dallas Theological Seminary*, lieferte wertvolle Informationen darüber, wie Jesus heute gesehen wird. Viele seiner Gedanken spiegeln sich in meinem Anfangskapitel »Der verdrehte Jesus«. Dr. Bocks neues Buch *Dethroning Jesus* ist ein wissenschaftlicher Beitrag zur Debatte, wie Jesus heute in unserer Kultur interpretiert wird.

Dann haben wir da das große Team bei *Tyndale House Publishers*:

Jan Long Harris, Sie glauben immer wieder an das, was ich tue.

Lisa Jackson, danke für Ihr sorgfältiges Lektorat. Erik Peterson, danke für den kreativ gestalteten Umschlag.

Schließlich möchte ich meine Anerkennung meiner wunderbaren Frau Rebecca zollen. Wenn ich ein Buch schreibe, findet sie sich ab mit meinen ständig wechselnden Arbeitszeiten, meiner häufigen Präsenz am Computer, und dem Wissen, dass einige wichtige Angelegenheiten auf später verschoben werden müssen.

Aus der Feder eines Atheisten

Willkommen zu dieser Diskussion über Jesus!

Die Frage, ob Jesus Gott war oder nicht und deshalb der einzige geeignete Retter ist, können rational denkende Menschen aller Art nicht übergehen. Davon hängt nach christlichem Glauben nicht nur die Wahrheit dieses Glaubens selbst ab, sondern beunruhigenderweise auch das ewige Schicksal des Einzelnen. Einfach gesagt: Entweder ist das historische Christentum wahr, oder es handelt sich um die schlimmste Täuschung aller Zeiten.

Niemand sieht das deutlicher als Sam Harris, der bekannte Atheist und Autor des Buches *Letter to a Christian Nation*. In diesem Buch erkennt Harris an, dass es sehr viele Punkte gibt, an denen er mit Christen übereinstimmen kann. Zum Beispiel, dass »einer von uns Recht hat, der andere unrecht«.

Er fährt fort:

> »Entweder bietet Jesus der Menschheit den echten Weg zur Erlösung an (Joh 14,6), oder er tut es nicht. Wir sind uns einig darüber, dass echtes Christsein bedeutet zu glauben, dass alle anderen Religionen im Irrtum sind, und zwar gründlich. *Wenn das Christentum Recht hat, und ich an meinem Unglauben festhalte, dann muss ich fest damit rechnen, die Folter der Hölle ertragen zu müssen* (Hervorhebung durch Verfasser).[1]

Niemand kann bezweifeln, dass Harris die wahre Natur des christlichen Glaubens versteht. Es gibt in dieser Frage keine Neutralität, es sei denn, wir würden uns für ein ausgehöhltes Christentum entscheiden, das seiner besonderen Lehren und seiner Kraft beraubt worden ist. Einigen wir uns darauf, dass Harris Recht hat: Wenn das Christentum wahr ist, dann muss er die Qualen der Hölle erwarten. An uns Christen gerichtet fährt Harris mit gleicher Deutlichkeit fort:

>Entweder ist die Bibel ein ganz gewöhnliches Buch, das von Sterblichen geschrieben wurde, oder nicht. Entweder war Christus Gott, oder er war es nicht. Wenn die Bibel ein gewöhnliches Buch und Christus ein gewöhnlicher Mensch ist, dann ist die Grundlehre des Christentums falsch. Wenn die Bibel ein gewöhnliches Buch ist, und Christus ein gewöhnlicher Mensch, dann ist die Geschichte der christlichen Theologie eine Mär von belesenen Menschen, die ein gesammeltes Machwerk von Irreführungen und Täuschungen zusammengeschrieben haben. Wenn die grundlegenden Behauptungen des Christentums stimmen, dann wird es für Ungläubige wie mich einige sehr makabere Überraschungen geben. Sie verstehen das. Zumindest die Hälfte aller Amerikaner versteht das. So sollten wir ehrlich zu uns selbst sein: Wenn die Fülle der Zeit gekommen ist, dann wird eine Seite diese Debatte wirklich gewinnen, und die andere Seite wird wirklich verlieren.<[2]

Eine Seite wird diese Debatte wirklich gewinnen, und die andere Seite wird wirklich verlieren! Harris ist sich darüber im Klaren, dass in dieser Debatte wirklich *alles* auf dem Spiel steht: Himmel oder Hölle, Paradies oder Leid, Verurteilung oder Vergebung. Beim Tod wird unser Glaube als Christen dem letzten Test unterzogen. Wir werden entweder bewusste Glückseligkeit erleben, oder, wenn Harris Recht hat, eine Ewigkeit der Trennung von Gott. Und nach Harris erwartet ihn selbst der Schrecken, falls er Unrecht hat und das Christentum Recht.

Verrat an Jesus ist nicht vorurteilsfrei in seiner Argumentation, dass Jesus wirklich der Sohn Gottes ist und dass deshalb Atheisten und Anhänger anderer Religionen »wirklich verlieren werden«. Es gibt überzeugende Gründe dafür, unser ewiges Schicksal von Jesus abhängig zu machen, und nicht, sagen wir einmal, von den Schriften von Atheisten. Pascal hat, wie Sie vielleicht wissen, eine Wette aufgestellt: Glaube an Gott; und wenn er der Sohn Gottes ist, dann hast du den Himmel gewonnen; wenn nicht, dann hast du nichts verloren. Doch entgegen dem, was Pascal sagt, ist der Glaube an den Jesus des Neuen Testaments kein Spiel, sondern eine rationale Entscheidung, die auf verschiedenen Formen des Beweises ruht.

Aber wer ist dieser Jesus, an den die Christen glauben? Und wie unterscheidet er sich von anderen »Jesussen« unserer Kultur? Meines Wissens haben wir nie zuvor so viele religiöse Wahlmöglichkeiten gehabt wie heute, so viele Spielarten von Jesus, unter denen wir wählen können.

Auf den folgenden Seiten werden wir sechs Sichten von Jesus untersuchen. Jede zollt ihm hohe Ehre, aber wenn wir genau hinschauen, so finden wir leider in jedem Fall, dass Jesus »zu kaum nennenswertem Ansehen und Ruhm verdammt ist«. Zu oft wird Gutes über ihn gesagt und er dennoch verraten.

Bevor wir uns mit den einzelnen Lügen über Jesus beschäftigen, müssen wir erst die Voraussetzungen verstehen, die es Theologen erlauben, ihn nach ihrem Belieben neu zu erfinden. Danach können wir einige Ansichten genauer betrachten und zeigen, warum Jesus nicht in den Mainstream unserer endlos toleranten religiösen Kultur passt. Er steht über allen anderen religiösen Ansprüchen, wenn er uns zur Gemeinschaft mit ihm und dem Vater einlädt.

Ein persönliches Wort an Sie

Ich bin froh, dass Sie sich für Jesus interessieren. Vielleicht ist es bloße Neugier, und vielleicht haben Sie feste Vorstellungen über ihn als großen Lehrer, als Guru oder als einen Mann, der die Stellung der Frau verbesserte. Oder vielleicht haben Sie schon den Schluss gezogen, dass er wirklich der Sohn Gottes ist, der Retter der Welt. Gleichgültig, wie Ihre Meinung ausfällt, wir sollten daran interessiert sein, mehr über ihn zu erfahren.

Dieses Buch wurde nicht nur für Sie geschrieben, sondern auch für Ihre Freunde und Ihre Familie. Ich möchte, dass Sie als Leser in der Lage sind, das Gespräch über Jesus zu führen, ganz gleich, wo Sie sich auf ihrer geistlichen Reise befinden. Wenn Sie nicht an Jesus glauben, dann bete ich dafür, dass sie es tun werden, und wenn sie schon Nachfolger Jesu sind, dann hoffe ich, dass Sie seine Ansprüche sowohl mit Sachkenntnis als auch mit Freundlichkeit verteidigen. Ich möchte so viele Christen wie möglich ermutigen, die Gelegenheit zu ergreifen, um in unserer Welt den Einen wirklich schätzen zu lernen, der dazu in der Lage ist, uns von unseren Sünden zu befreien.

Der Zweck dieses Buches ist es zu zeigen, dass Nachfolger Jesu – des traditionellen Jesus – nichts von den Lügen zu befürchten haben, die über ihn verbreitet werden; Lügen, die versuchen, ihn zu entthronen und seinen guten Namen zu verraten. Und wir werden sehen, dass er heute noch genauso kontrovers diskutiert wird wie zu der Zeit, als er auf der Erde lebte:

»*Andere sagten: Dieser ist der Christus. Andere aber sagten: Der Christus kommt doch nicht aus Galiläa? Es entstand nun seinetwegen eine* **Spaltung** *in der Volksmenge. Einige aber von ihnen wollten ihn greifen, aber keiner legte die Hände an ihn*« (Joh 7,41.43-44; Hervorhebung durch den Verfasser)

Wer war dieser Mann, der die Menschen spaltete?

Der »verdrehte« Jesus

»Ich glaube *auch* an Jesus!«

Das sagte mir eine Frau am *O'Hare International Airport* in Chicago, kurz bevor ich mein Flugzeug nach Cleveland bestieg. Ich begann ein Gespräch mit ihr, weil ich gesehen hatte, dass sie ein religiöses Buch las, und ich wissen wollte, wie sie über Jesus dachte.

»Ich bin Mormonin«, antwortete sie. »Wir glauben auch an Jesus ... und es gibt nur *einen* Jesus!«

Ich erinnerte sie freundlich daran, dass es in unserer Kultur viele verschiedene »Jesusse« gibt. Wenn sie ihre eigene Religion und die christliche Religion besser verstehen würde, dann würde sie wissen, dass wir zwar denselben Namen verwenden, unser Verständnis von Jesus aber so unterschiedlich ist, dass es ein grobes Missverständnis wäre, davon auszugehen, dass wir von derselben Person reden!

Im nächsten Kapitel werden wir die spektakuläre Behauptung betrachten, dass das Familiengrab Jesu gefunden worden sei. Aber in Israel gibt es Dutzende Inschriften auf Gräbern, die den Namen *Jesus* tragen. Viele Männer hießen Jesus, aber alle müssen sorgfältig von Jesus von Nazareth unterschieden werden, einem Mann, der bestimmte Behauptungen aufgestellt hat und uns einlädt, Anteil an seinem ewigen Leben zu bekommen.

Deshalb ist die Frage *Glauben Sie an Jesus?* an sich bedeutungslos, es sei denn, man würde gleich darauf die nächste Frage stellen, nämlich: *An welchen Jesus glauben Sie?* Der Jesus des Islam ist sicherlich nicht der Jesus des Christentums, der Jesus der Zeugen Jehovas ist nicht der des nicänischen Glaubensbekenntnisses. Schon im ersten Jahrhundert hegte Paulus die Befürchtung, dass viele seiner Leser schon angefangen hätten, an einen »*anderen Jesus*« (2Kor 11,4) zu glauben. Wenn schon das alte Korinth einen anderen Jesus hatte – einen Jesus, der nicht die Bedingungen eines Retters erfüllte –, dann gilt das sicher heute noch viel mehr.

Wir leben zu Beginn eines neuen Jahrhunderts und täglich werden viele neue Jesusse erschaffen – wir leben im Zeitalter der Designer-Jesusse. Oftmals ist der Name die einzige Gemeinsamkeit, die Charaktereigenschaften sind gänzlich verschieden. Deshalb könnte es sein, dass mein Jesus nicht der Ihre ist, und meiner könnte nicht der meines nächsten Nachbarn sein.

Dieses Buch handelt von einigen der Versuche, Jesus von Nazareth zu einem anderen Jesus zu machen – zu einem Jesus, der mehr in unsere Zeit passt, oder einem Jesus, der sich der in unserer Kultur so hochgepriesenen Toleranz besser einfügt. Einige von diesen Entwürfen werden als neu oder bisher unterdrückt angepriesen, obwohl es eigentlich fast alle diese falschen Porträts schon seit Jahrhunderten gibt.

Der Jesus, dessen Biografie wir im Neuen Testament finden, wird in den Händen derer, die ihn entsprechend ihrer besonderen Weltsicht verändern wollen, zu Ton. Nehmen Sie sich nur einen Augenblick Zeit, um in Ihrer nächsten Buchhandlung zu stöbern, und Sie werden Dutzende Bücher finden, deren Themen von *Jesus und die Rechte der Frau* über *Zen und Jesus* bis zu *Jesus und innere Heilung* reichen. Jesus wird für jeden nur vorstellbaren Zweck benutzt – oder besser gesagt missbraucht –, von sparsamen Autos bis zu religiösen Eiferern. Ich erinnere mich da an die Worte des verstorbenen Jassir Arafat, der Jesus bei einer Pressekonferenz bei den Vereinten Nationen im Jahr 1983 »den ersten Palästinensischen Fedajin« nannte, d.h. den, »der sein Schwert trug«.[1] Man stelle sich nur vor: Jesus, der erste Freiheitskämpfer des Islam!

»Es scheint so, als ob jeder Jesus in seiner Parade mitführen wolle«, schreibt Joseph Stowell, »von schwulen Aktivisten über Abtreibungsbefürwortern bis hin zu religiösen Führern und Politikern. Wenn sie Jesus in ihr Programm aufnehmen und seine Flagge schwenken, erscheinen sie anständig und glaubhaft.«[2]

Stowell hat Recht, aber wir müssen fragen: Wie können Wissenschaftler den radikalen, von uns alles fordernden Jesus der Evangelien nehmen und ihn so neu erfinden, dass er wie ein Buch im Regal völlig unter unserer Herrschaft steht, um mit ihm zu machen, was wir wollen? Ein solcher Jesus erlaubt uns, die Verantwortung selbst zu behalten; er besteht nie darauf, dass wir uns seiner Autorität unterstellen, und bittet uns nie, unser ewiges Schicksal von seinen Ansprüchen abhängig zu machen.

Kein anderer Name hat so große Hingabe erregt und solche Kontroversen ausgelöst. Keine andere Person ist so verändert worden, um so vielen Programmen zu dienen. Heute schreiben Wissenschaftler ihre Bücher nicht über das Christentum, sondern über das »Jesustum«, wie es mein Freund Darrell Bock formuliert. Wenn wir etwas mehr über diese sich entwickelnden Bilder von Jesus wissen, dann hilft uns das dabei, den einen Jesus zu erkennen, der über allen anderen steht, und wirklich so gut ist wie das, was er verspricht.

Von welchen Voraussetzungen und Annahmen geht man aus, wenn man solche falschen Porträts von Jesus entwirft, um die übereinstimmenden Ergebnisse von Jahrhunderten der historischen Forschung zunichte zu machen, um einen anderen Jesus zu bekommen? Von Jesus redet man zwar viel, aber ich fürchte, dass er auch sehr missverstanden wird.

Jesus neu erfinden

Nehmen wir uns einen Augenblick Zeit, um die Methode zu verstehen, die benutzt wird, um Jesus umzugestalten, um ihn an moderne Zeiten anzupassen. Man braucht schon ziemlichen Einfallsreichtum, um das Bild Jesu im Neuen Testament zu nehmen und es mit Pluralismus, radikalem Feminismus, fremden und anderen religiösen Traditionen in Einklang zu bringen. Man muss sich schon anstrengen, um aus Jesus einen harmlosen Menschen zu machen, der von uns nichts fordert und nicht verlangt, dass wir an etwas Bestimmtes glauben sollen.

Offensichtlich sind einige Annahmen nötig, um Jesus neu zu erfinden. Folgen Sie mir, um sie gemeinsam aufzudecken.

Annahme 1

Eine Art, Jesus neu zu gestalten, besteht darin, *einen Nebenaspekt seiner Lehre zu nehmen und ihn als Herzstück seines Dienstes darzustellen.* Zum Beispiel gibt es Leute, die lehren, dass Jesus in erster Linie ein barmherziger Lehrer oder Prophet war, der denjenigen half, die an den Rand gedrückt wurden, und zwar insbesondere den Frauen und den Armen. Deshalb heilte er die Kranken, sprach Prostituierten Vergebung zu und war besonders um die besorgt, die von den Segnungen des Reiches Gottes ausgeschlossen waren.

Diese Auslegung ist schön und gut, doch geht sie am Herzstück von Jesu Leben und Auftrag vorbei. Es stimmt, er ehrte die Frauen, er war ein Vorbild der Armenfürsorge und warnte die Reichen vor dem Betrug des selbstsüchtigen Reichtums. Jesus hatte einen unvergleichlichen Einfluss auf die sozialen Verhältnisse, nicht nur zu seiner Zeit, sondern auch heute. Denken Sie an die tiefgründigen Auswirkungen der Bergpredigt mit ihrer Lehre über Vergebung und Fairness in den zwischenmenschlichen Beziehungen. Doch wenn das alles ist, was wir über Jesus sagen – wenn das der einzige Grund für ihn war, zu leben und zu sterben –, dann verpassen wir seine Hauptbotschaft.

Heute interpretieren die Menschen Jesus oft durch die – wie Darrell Bock es ausgedrückt hat – Brille des »ideologischen Feminismus«. Die Hauptleistung von Jesus war, so sagt man, dass er den Frauen zusicherte, den Männern im Reich Gottes gleichwertig zu sein. Jesus wird so als der große Frauenbefreier dargestellt; aber man verschweigt sein wichtigstes Ziel, das er selbst beschrieben hat: uns von unseren Sünden zu erlösen.

> *»Denn auch der Sohn des Menschen ist nicht gekommen, um bedient zu werden, sondern um zu dienen und sein Leben zu geben als Lösegeld für viele«* (Mk 10,45).

Nehmen wir an, jemand schreibt eine Biografie über Billy Graham und sagt, dass es der Zweck seiner Veranstaltungen war, die Beziehung der Rassen untereinander zu verbessern. Er stützt diese Behauptung, indem er auf Billy Grahams Weigerung hinweist, vor rassengetrenntem Publikum zu sprechen. Natürlich stimmt es, dass Billy Grahams mutige Entscheidung, nur vor gemischtrassigem Publikum zu sprechen, der Bürgerrechtsbewegung Auftrieb gab. Aber kann irgendwer ernsthaft behaupten, das dies die wichtigste Botschaft von Billy Grahams 50-jährigem Dienst war? Ich meine nicht. Eine ausgewogenere Betrachtungsweise seiner Arbeit ergibt, dass Herz und Seele seines Dienstes in der Botschaft zu finden waren, dass Sünder mit Gott versöhnt werden müssen und dass Rassengleichheit eine Auswirkung dieser Überzeugung ist.

»Lautet die Hauptbotschaft Jesu nicht, dass Gott jeden liebt?«, hörte ich einmal einen Politiker sagen. Ja, natürlich, Jesus lehrte, dass Gott uns liebt und dass wir einander lieben sollen, doch er beschrieb auch das Höllenfeuer in lebendigen Farben, warnte vor dem Gericht und forderte seine Zuhörer auf, Buße zu tun. Aber heute wird ein falsches Verständnis dessen, was Gottes Liebe bewirkt, dazu benutzt, alles beiseite zu tun, was die Bibel über Homosexualität, den Wert des menschlichen Lebens und die Notwendigkeit des Opfers Christi für unsere Versöhnung mit Gott zu sagen hat. Einige Leute durchforsten die Bibel, um den einen Satz oder die eine Idee zu finden, die sie haben wollen, und dann stellen sie uns das als Hauptbotschaft der Bibel vor.

Unsere Generation liebt die Selbstbedienungsmentalität in Sachen Religion. Auf der ernsthaften, aber oft fehlgeleiteten Sinnsuche nehmen die Suchenden etwas von Jesus, das ihnen gefällt. Dann fügen sie Einsichten anderer Lehrer hinzu und stellen sich so eine spirituelle Mahlzeit zusammen, die für sie genau richtig ist. Sie entwickeln einen Jesus, der alles bestätigt, was sie gerne glauben möchten; und weil er auf ihren Geschmack zugeschnitten ist, erzählen sie uns anschließend, dass sie den »echten Jesus« gefunden haben. Ob wir nun gläubig sind oder nicht, wir alle stehen in der Gefahr, uns die Rosinen aus den Evangelien herauszupicken – nach Versen zu suchen, die eine Vorstellung unterstützen und dann den Rest wegzuwerfen oder doch zumindest zu ignorieren.

Oprah Winfrey, eine bekannte amerikanische Talkmasterin, deren Sicht von Jesus das Thema eines der Kapitel in diesem Buch ist, repräsentiert unsere Kultur nur zu gut. Ihre Sicht von Jesus mag für sie richtig sein, aber nicht unbedingt für ihren Nachbarn, der einen anderen Weg zu Gott wählen mag. Spiritualität ist in, und einzelne Lehren wie der Ausschließlichkeitsanspruch Jesu sind out. Man redet über Jesus, man diskutiert über ihn und entthront ihn dabei nur zu oft. Uns wird ein zahmer Jesus vorgestellt, der niemanden verurteilt, uns nach unserem Belieben leben lässt und nur ein weiterer Guru ist, den man um Rat fragen kann.

Annahme 2

Eine andere Annahme besteht darin, dass man *den Jesus der Geschichte vom Christus des Glaubens trennen müsse.* Damit meine ich einfach, dass einige Theologen der Ansicht sind, dass Jesus nur ein Mensch war, der von seinen fehlgeleiteten, aber begeisterten Anhängern zum Gott und Messias erklärt wurde. Sie handelten entweder aus Unwissenheit oder weil sie religiöse und politische Macht erstrebten. Deshalb gibt es zwischen Jesus, dem Menschen, und dem Dogma über ihn, an das die Jünger glaubten, eine Diskrepanz.

Später in diesem Buch werden wir dem *Jesus-Seminar* begegnen, das durch seine Behauptung bekannt geworden ist, die hohen Ansprüche Jesu stammen nicht von ihm selbst, sondern wurden ihm nur von seinen Jüngern in den Mund gelegt. Diese Theologen machen Jesus viele Komplimente, aber sie werden nie sagen, dass er Christus, der Sohn des lebendigen Gottes ist. Deshalb steht der menschliche Jesus – der nur Mensch ist – auf der einen Seite der historischen Scheidewand, und die »erfundene« Botschaft von Jesus – seine Wunder und sein Anspruch auf Göttlichkeit – stehen auf der anderen.

Wie Derrell Bock es formuliert: »Diese Theologie sagt im Grunde Folgendes aus: Jesus ist ein Mensch von ungeheurer Weisheit, ein Vorbild und ein großartiger Lehrer, aber *er bleibt einfach nur Jesus von Nazareth.* Er ist nicht die Verbindung zwischen Gott und Mensch, und selbst wenn er das ist, dann ist er nicht die einzige Verbindung zwischen Gott und Mensch. Jeder andere religiöse Führer könnte es ebenso sein. Im besten Falle weist er den Weg, aber er *ist* nicht der Weg.«[3]

Wie wir sehen werden, ist dieser Versuch, zwischen dem Menschen Jesus und dem Christus des Glaubens zu trennen, recht willkürlich und widerspricht sorgfältiger historischer Nachforschung. Hat etwa Petrus – ein Jünger, der den historischen Jesus gut kannte – plötzlich am Pfingsttag einen anderen Jesus erfunden (den Christus des Glaubens), um ihn seinen Zuhörern zu predigen? Das glaube ich nicht. Für die Jünger gab es keinen Unterschied zwischen dem Jesus, den sie kannten, und dem Jesus, der später von der frühen Kirche als Herr und Christus verkündigt wurde.

Wenn man den geschichtlichen Jesus vom Christus des Glaubens trennt, dann wird Jesus sehr glaubwürdig – so glaubwürdig, dass es nichts Außergewöhnliches mehr von ihm zu glauben gibt! Wenn man ihn seiner Wunder beraubt, seines Anspruchs und seiner Auferstehung, dann erscheint er als mitleiderregende Gestalt, die uns nichts zu bieten hat, außer vielleicht ein paar fromme Phrasen, deren Anspruch wir nicht gerecht werden können, weil uns dazu die Kraft fehlt. Im Gegensatz dazu entlässt uns der Jesus des Neuen Testamentes nicht aus der Verantwortung. Er sagt uns, dass wir eine Entscheidung bezüglich seiner Person treffen müssen – und dass unsere Entscheidung unser zukünftiges Geschick bestimmt.

Lassen wir ihn für sich selbst sprechen:

»Wahrlich, wahrlich, ich sage euch: Wer mein Wort hört und glaubt dem, der mich gesandt hat, der hat das ewige Leben und

kommt nicht in das Gericht, sondern er ist vom Tode zum
Leben hindurchgedrungen. Wahrlich, wahrlich, ich sage euch:
Es kommt die Stunde und ist schon jetzt, dass die Toten hören
werden die Stimme des Sohnes Gottes, und die sie hören
werden, die werden leben« (Joh 5,24-25).

Sie können den Christus des Glaubens und den historischen Jesus
trennen, aber nur, wenn Sie dies willkürlich tun und die Konti-
nuität der neutestamentlichen Berichte missachten.

Annahme 3

Wir haben dem postmodernen Denken die Annahme zu ver-
danken, dass *Geschichte subjektiv ist, und dass* ein *historischer
Standpunkt nicht besser ist als ein anderer.* In seinem Buch *Sakrileg*
lässt Dan Brown Napoleon sagen: »Was ist Geschichte anderes
als eine Fabel, auf die man sich geeinigt hat?« Eine von Browns
Hauptfiguren sagt: »Geschichte wird von den Gewinnern geschrieben.« Hier ist eindeutig gemeint, dass das Neue Testament
hochgradig suspekt ist, weil es von den Nachfolgern Jesu geschrieben wurde, die ihre Geschichte nicht deshalb schilderten,
weil sie wahr war, sondern der Weg zur Macht.

Deshalb behauptet diese Annahme, dass man Geschichte
nach seinem eigenen Geschmack und Standpunkt formen kann.
Man kann nicht darauf vertrauen, dass sie sich an Fakten hält
und unvoreingenommen ist. Einige moderne Forscher sagen, wir
sollten Geschichte studieren, weil sich einige wenige daraus einen
Vorteil verschaffen können, aber nicht, um irgendeine »Wahrheit« zu entdecken.

Diese Idee von der Subjektivität der Geschichte bedeutet, dass
man historische Texte für seine eigenen (selbstverständlich

guten) Zwecke neu interpretieren darf. Dies erlaubt es Schriftstellern, die Unterscheidung zwischen Fakten und Fiktion zu verwischen. Sie argumentieren, dass aus der Behauptung, jeder betrachte die Geschichte von seinem eigenen begrenzten Standpunkt aus, folge, dass es keinen Kern von historischen Fakten gibt, auf den man sich einigen könne.

Die Popularität des Buches *Sakrileg* ist nur die Spitze des Eisbergs. Andere ähnliche Interpretationen von Jesus werden überall diskutiert und sowohl an unseren Universitäten als auch in der populären Kultur erkundet. Alternative Theorien, die unsere traditionelle Sicht von Jesus herausfordern, gewinnen an Popularität, und die Medien machen diese Vorstellungen zu einem Teil der allgemeinen Kultur. Die frühe Kirchengeschichte wird im Lichte dieser Interpretationen neu geschrieben, die diese neuesten Entdeckungen und Trends widerspiegeln. Die Geschichte wird auf den Kopf gestellt: Die Orthodoxie (im Sinne des historischen christlichen Glaubens) wird heute als Irrlehre angesehen, und was man in den ersten Gemeinden als Häresie bezeichnete, wird heute als der wahre christliche Glaube dargestellt!

Diese Vorstellung, dass Geschichte subjektiv sei, hat auch zu einer Art Multikulturalismus geführt. Der besteht darauf, dass alle Kulturen und Religionen gleich wahr sind und wir keinerlei Werturteil über sie fällen können. Die Tatsache, dass sie sich widersprechen, wird akzeptiert, weil dies normal für den Glauben sei – der Glaube sei im Wesentlichen irrational und deshalb müssten wir uns nicht konsequent an eine bestimmte Weltsicht halten. Deshalb, so würden manche sagen, ist die gesamte Wahrheitssuche verkehrt. Der moderne Geist sagt, dass wir uns mit der Irrationalität der Religion zufrieden geben und versuchen müssen, so gut es geht einen über uns hinausreichenden Sinn zu finden.

Lassen Sie mich noch ein anderes Zitat aus dem Buch *Sakrileg* bringen. Wenn Sie die Verfilmung gesehen haben, dann erinnern Sie sich vielleicht daran, dass Robert Langdon, von Tom Hanks gespielt, gegen Ende Folgendes über Jesus sagt: »Menschlich oder göttlich, göttlich oder menschlich – was ist da schon der Unterschied? Vielleicht ist der Mensch göttlich.« Da haben wir es wieder: Niemand kann wissen, wer bezüglich Jesus Recht hat und wer nicht – und letztendlich ist es auch gleichgültig.

Es ist diese offensichtliche Unfähigkeit, vernünftige Entscheidungen über historische Fakten zu treffen, die zu einer Abneigung gegenüber allen historischen oder religiösen Behauptungen geführt hat. Wenn man islamische Terroristen erwähnt, dann wird wahrscheinlich jemand einwerfen: »Nun, die unterscheiden sich nicht von den Christen, die Abtreibungsbefürworter umgebracht haben.« Solche Vergleiche, die schon Teil unserer Kultur sind, ignorieren einige wichtige Unterschiede. Aber wen interessiert das? In einer Welt, in der Wahrheit nicht existiert – wo es keine gemeinsamen Werturteile gibt und nur die subjektive Meinung zählt –, kommt klares Denken nur dem heutigen Zeitgeist in die Quere.

Sie erkennen, wohin all das führt: Da die Voreingenommenheit von historischen Studien als gegeben vorausgesetzt wird, zählt eigentlich nichts mehr. Der Inhalt eines Glaubens ist nicht mehr wichtig – nur das Erlebnis zählt. Die Geschichte wird auf diese Weise auf eine persönliche Suche reduziert, die uns helfen soll, uns selbst besser zu verstehen. Warum also nicht leugnen, dass der Holocaust stattgefunden hat, wie es Mahmud Ahmadinedschad tut, zur Zeit Präsident im Iran?

Zugegeben, jeder Historiker schreibt die Geschichte von einem bestimmten Standpunkt aus – ja, auch von einem voreingenommenen Standpunkt –, aber das bedeutet nicht, dass wir uns nicht auf einen Kernbereich historischer Fakten einigen könnten, der unser Verständnis eines Zeitabschnittes bestimmt. Letztendlich kann die Geschichte ziemlich widerspenstig und immun gegenüber dem menschlichen Bedürfnis sein, sie nach unseren Vorstellungen zu formen. Als Paulus für die Historizität der leiblichen Auferstehung argumentierte, sagte er, dass Jesus zuerst Petrus und dann den Zwölfen erschienen ist und dass er danach »*mehr als fünfhundert Brüdern auf einmal erschien, von denen die meisten bis jetzt übrig geblieben, einige aber auch entschlafen sind*« (1Kor 15,6).

Paulus teilte seinen Lesern mit, dass man die Auferstehung durch viele Augenzeugen bestätigen könne, die noch lebten, und er ermutigte seine Leser hinzugehen, und sie danach zu fragen!

Wir würden in praktischen Fragen des alltäglichen Lebens nie eine subjektive Sicht der Geschichte einnehmen. Ich kann nicht einen Scheck ausstellen und auf meiner »Wahrheit« bestehen, dass ich 10.000 Euro bei der Bank hinterlegt habe, wenn die »Wahrheit« der Bank lautet, dass ich es nicht getan habe. Nüchterne Menschen wissen, dass die Geschichte nicht einfach eine subjektive Meinung darstellt.

Wir müssen uns gegen die Vorstellung wehren, dass die Geschichtsschreibung zu sehr mit Vorurteilen belastet ist, als dass sie irgendwelche harten historischen oder religiösen Fakten hervorbringen könnte. Im Nachwort dieses Buches werden wir das Buch *The Jesus Papers* (dt. »Die Gottesmacher«) entlarven, das darauf besteht, dass seine Erfindungen wirklich historischen Wert haben. Wir werden zeigen, dass solche Geschichtsphilosophien voller tödlicher Fehler und aussichtslos sind.

Annahme 4

Die meisten christlichen Theologen heute gehen von einem Anti-Supranaturalismus aus, von der Vorstellung, dass *alle Wunder unmöglich sind, weil man annimmt, dass die Naturgesetze ohne Ausnahme gelten.* Deshalb wird Jesus in einer Welt, in der Wunder nicht geschehen können, zum bloßen Menschen reduziert – vielleicht einem bemerkenswerten Menschen, aber letztendlich eben nur einem Menschen. Das bedeutet, dass er nicht von einer Jungfrau geboren werden konnte und dass wir entweder die Wunder streichen oder sie innerhalb eines völlig naturalistischen Rahmens neu interpretieren müssen.

Ein bekanntes Beispiel für diese Art der Verschlossenheit finden wir in unserer Diskussion des *Jesus-Seminars*, das ich schon erwähnt habe. Um die genauen Worte der Einleitung zu *The Five Gospels*, einem Buch, das von diesem Seminar veröffentlicht wurde, zu zitieren: »Der Christus des Glaubens und des Dogmas, der im Mittelalter fest etabliert war, kann nicht länger mit der Zustimmung derer rechnen, die den Himmel durch Galileos Teleskop gesehen haben.«[4]

Wir haben den Himmel durchs Teleskop gesehen, so lautet die Argumentation, und deshalb können wir nicht an Wunder glauben. Da verwundert es nicht, dass das Seminar willkürlich behauptet, dass die Urgemeinde den Jesus des Neuen Testamentes erfunden habe und man die Schale (die Wunder) entfernen müsse, um den »echten« Jesus herauszubekommen, den Jesus, der *nur* Mensch war.

In einem späteren Kapitel dieses Buches werde ich zeigen, dass der Gedanke, die Apostel hätten die Geschichten der Wunder Jesu erfunden, eine Verfälschung der Tatsachen ist. Die gesichertsten historischen Linien des Christentums führen uns auf die ersten Apostel zurück, die Christus noch persönlich kannten und ihre Lehre von ihm empfangen haben. Selbst der Pharisäer Nikodemus musste bekennen: »*Rabbi, wir wissen, dass du ein Lehrer bist, von Gott gekommen, denn niemand kann diese Zeichen tun, die du tust, es sei denn Gott mit ihm*« (Joh 3,2). Wenn Gott existiert, dann können wir an seine Wunder glauben und wissen, dass Christus die Legitimation hatte, um sie zu vollbringen.

Annahme 5

»Was neu ist, ist wahr«, scheint heute ein Mantra unserer höchst esoterischen kulturellen Atmosphäre zu sein. Denken Sie nur an den Medienrummel, den die Veröffentlichung des Judas-Dokumentes durch die Zeitschrift *National Geographics* auslöste. Viele Menschen meinten, es handele sich um eine Neuentdeckung, und wenn es der Öffentlichkeit »vorenthalten« worden sei, dann müsse es die *echte* Geschichte von Jesus und Judas enthalten.

Der Rummel um das Judas-Dokument ist kürzlich durch Behauptungen abgelöst worden, dass das Familiengrab Jesu entdeckt worden sei. James Cameron, der durch den Film *Titanic* berühmt geworden ist, steht vor einem Ossarium, einem Gebeinhaus, und behauptet, dass es nicht nur plausibel, sondern »unwiderlegbar« sei, dass die Knochen Jesu in einem ähnlichen Kalksteinsarg begraben worden seien. Jedes Jahr haben wir, so scheint es, eine neue sensationelle Entdeckung über Jesus, die durch die Medien an Millionen Konsumenten verkauft wird.

Medienrummel ist das eine, nüchternes Nachdenken etwas ganz anderes. Wir werden die Behauptungen über das Familiengrab Jesu im nächsten Kapitel untersuchen und herausfinden, dass sie kritischen Fragen nicht standhalten. Und in unserem Kapitel über Judas werden wir erfahren, dass schon Irenäus ca. im Jahr 180 aus dem Judas-Dokument zitiert hat. Obwohl der vollständige Text erst in unserer Zeit gefunden wurde, war sein Inhalt schon seit Jahrhunderten bekannt. Außerdem gehört er zu einer ganzen Familie von Manuskripten, die die *Gnostischen Evangelien* genannt werden, die lange *nach* den Ereignissen des Neuen Testamentes geschrieben wurden. Diese Schriften wurden von Feinden des Christentums verfasst, die versuchten, die Aussprüche Jesu mit der griechischen Philosophie zu verbinden. Mehr dazu später.

Für eine Kultur, in der es immer nur eine kurze Aufmerksamkeitsspanne gibt, scheint das, was neu und modern ist, immer der lange verborgene Weg zur Wahrheit zu sein, oder zumindest etwas, das dem gleichkommt. Laut eines Artikels, der in der Zeitschrift *Newsweek* erschien, haben wir heute eine Leidenschaft für unmittelbare, transzendente Erfahrungen mit Gott. Und eine ganz und gar typisch westliche Akzeptanz der erstaunlich unterschiedlichen Wege, die Menschen gegangen sind, um diese Erfahrungen zu machen.«[5] Das Neueste scheint uns immer auch das Verlässlichste zu sein, zumindest für *heute*.

Annahme 6
Eine vorherrschende Annahme lautet, dass *alle Religionen der Welt im Wesentlichen gleich sind*, deshalb muss Jesus so umgestaltet werden, dass er in das Kontinuum der religiösen Geschichte passt. So meint man, dass er im Wesentlichen so etwas Ähnliches wie Buddha, Gandhi oder Mithras sei – selbst wenn man hartnäckig Fakten ignorieren muss, um das zu bewerkstelligen. Jesu einzigartiger Anspruch wird unter allen Umständen zur Seite gefegt, um

ihn in das Pantheon der vielen Götter unserer Kultur einreihen zu können.

Stellen Sie sich z. B. die bizarre Ansicht vor, dass Jesus, ehe er dreißig Jahre alt war, nach Indien gereist sei und dort unter verschiedenen Gurus studiert habe, ehe er mit dreißig Jahren nach Israel zurückgekehrt sei. Das Verlangen, Jesus dort einzureihen, ist so groß, dass man selbst angesichts widersprechender historischer Fakten für diese »historische« Seltsamkeit argumentiert. Die Frage lautet nicht: »Welches sind die besten historischen Beweise für diese Ansicht?« Stattdessen wird die Frage gestellt: »Welches Szenario ist vorstellbar, das Jesus innerhalb der großartigen Geschichte der religiösen Tradition einordnet, statt ihn über all diese Traditionen zu stellen?«

Ich glaube, man kann zeigen, dass alle Religionen der Welt eben *nicht* im Wesentlichen gleich sind und nur oberflächliche Unterschiede haben. Stattdessen gilt das Gegenteil: Wenn wir die anderen Religionen mit dem Christentum vergleichen, dann *sind sie zwar an der Oberfläche ähnlich, haben jedoch fundamentale Unterschiede.* Deshalb braucht man so viel Erfindungsgabe, damit Jesus in den Rahmen anderer Religionen passt. Dieses Kunststück kann man nur vollbringen, wenn man einen wilden historischen Tanz aufführt, bei dem man seine Augen vor wichtigen historischen Daten im Kontext der Ereignisse des Neuen Testamentes verschließt.

Wir sollten sechs Ansichten über Jesus prüfen, um besser zu verstehen, wie er durch Fehlinterpretationen regelmäßig von falschen Religionen und der populären Kultur verraten wird. Dann werden wir uns in einer besseren Position befinden, um zu erkennen, warum das Porträt des Neuen Testaments sowohl den historischen Fakten entspricht als auch der Art von Dienst, die wir von einem Mann erwarten würden, der behauptet hat, der Sohn Gottes zu sein.

Und genau damit beginne ich jetzt.

Jesu Familiengrab ist entdeckt worden

»... die Chancen stehen 2,5 Millionen zu eins dafür, dass das Grab in Talpiot das Grab von Jesus von Nazareth ist.«
The Jesus Family Tomb

Das Familiengrab Jesu ist entdeckt worden!

Das hörte ich auf allen Nachrichtenkanälen. Das Gerücht lautete: Ein Grab, das im Jahr 1980 in Talpiot, einem Vorort von Jerusalem entdeckt wurde, hat sich als das Grab Jesu und seiner Familie erwiesen. Es wurden in dem großen Grab einige Ossarien gefunden, und eine der Inschriften lautete »Jesus, Sohn von Josef«; und man behauptete, dass vier andere die Namen von weiteren Familienmitgliedern Jesu trügen.

Ein Ossarium ist ein Knochenbehälter. Bei den Reichen war es üblich, die Leiche etwa ein Jahr lang aufzubewahren, bis das Fleisch verwest war. Dann wurden die Knochen in einen Kalksteinbehälter gelegt, wo sie Jahrhunderte lang bleiben konnten. So behauptet also diese neueste Untersuchung, dass Jesu Leichnam von seinen Jüngern in das Grab von Josef von Arimathäa gelegt wurde. Dann kehrten sie zurück, um seinen Leib zu stehlen und ihn irgendwo anders aufzubewahren, bis sich das Fleisch zersetzt hatte. Später wurden die Knochen dann erneut in einem Ossarium im Familiengrab begraben.

Nachdem ich die Berichte gelesen hatte, kaufte ich mir ein Exemplar des Buches *The Jesus Family Tomb* von Simcha Jacobovici und Charles Pellegrino. Ich las es während eines Fluges nach Phoenix und dann sah ich mir auch noch im *Discovery Channel* die zweistündige Dokumentation *The Lost Tomb of Jesus* an, die ausführlich über die Entdeckung des Grabes berichtete. Es war intelligent, und zwar verführerisch intelligent gemacht und wurde mit dem klaren Ziel präsentiert, die Menschen davon zu überzeugen, dass die Stelle gefunden worden sei, an der die Knochen Jesu gelegen haben.

Viele Menschen fragen sich: Wie stehen die Chancen, dass diese Verfasser Recht haben? Und was bedeutet es für das Christentum, wenn die leibliche Auferstehung *nicht* stattgefunden hätte?

Was entdeckt wurde

Als dieses Grab zuerst im März 1980 entdeckt wurde, gehörten dazu zehn Ossarien und Dutzende Skelette, von denen einige in den verschiedenen Nischen in den Wänden des Grabes lagen. Weil solche Grabstätten in Israel üblich waren, hat man keine Sorgfalt darauf verwendet, die Knochen aufzuheben – entweder hat man sie weggeworfen oder sie wurden von Grabschändern zerstört. Sechs der zehn Ossarien in diesem Grab waren mit Inschriften versehen, die anderen nicht. Nach den Berichten fand man folgende Aufschriften:

Jeschua bar Josef – Jesus, Sohn des Josef
Mariamene e Mara – Mariamne, auch Meister genannt
Maria – die latinisierte Form des Hebräischen Namens Miriam
Matia – Matthäus
Jehuda bar Jeschua – Juda, Sohn des Jesus
Jose (oder *Josa*) – eine Kurzform von Josef

Wir sollten uns nun diese sechs Namen genauer ansehen, um die Behauptungen besser zu verstehen. Das erste Ossarium trägt die Inschrift »Jesus, Sohn des Josef« und soll die Knochen Jesu enthalten haben. »Mariamne e Mara« soll ein Hinweis auf Maria Magdalena sein, die Ehefrau Jesu; »Matia« soll Matthäus sein, der ein Jünger Jesu war, aber kein Verwandter (niemand weiß, warum dieses Ossarium in das Familiengrab Jesu gestellt worden sein sollte); »Juda, Sohn des Jesus« soll angeblich der Sohn von Jesus und Maria Magdalena sein; und schließlich »Josef«, der im Markusevangelium als Bruder Jesu aufgeführt wird (Mk 6,3).

Ehe ich fortfahre, sollte ich darauf hinweisen, dass neun der zehn Ossarien katalogisiert wurden, als man das Talpiot-Grab im Jahr 1980 freigelegte. Der zehnte hatte keinerlei Ornamente, und weil Ossarien in Israel sehr häufig vorkommen, wurde ihm kein besonderer Wert zugemessen und zurückgelassen, um weggeworfen oder verkauft zu werden.

Doch sowohl in ihrem Buch *The Jesus Family Tomb* und in der Dokumentation des *Discovery Channel* gehen die Verfasser davon aus, dass das zehnte Ossarium Jakobus, dem Bruder Jesu gehörte. Wenn dieses Ossarium, wie weithin bekannt gegeben wurde, ursprünglich im Grab gewesen war, dann, so glauben sie, sei die Wahrscheinlichkeit noch viel größer, dass dies die Namen der Familienmitglieder Jesu sind.

Doch wir sind mit der Idee, dass das Ossarium von Jakobus ursprünglich in diesem »Familiengrab« war, schnell fertig. Erstens wurde dieses Ossarium bereits im Jahr 1970 gefunden – bevor das sogenannte Familiengrab Jesu entdeckt wurde. Zweitens versichern uns die Archäologen, die das Talpiot-Grab ursprünglich gefunden haben, dass das zehnte Ossarium nicht katalogisiert wurde, weil es keinerlei Ornamente aufwies.

Drittens stimmt die Größe des Jakobus-Ossariums nicht mit der verzeichneten Größe des zehnten Ossariums überein, das in dem Talpiot-Grab gefunden wurde. Viertens berichtet der Historiker Eusebius im vierten Jahrhundert, dass der Leib des Jakobus (des Halbbruders Jesu) für sich allein in der Nähe des Tempelberges begraben wurde, und dass sein Grab in den ersten Jahrhunderten besucht wurde. Und schließlich wird zumindest ein Teil der Inschrift auf dem Jakobus-Ossarium für eine Fälschung gehalten; und Oded Golan, der Mann, der es gekauft hatte, ist derzeit wegen Betrugs angeklagt.[1]

Doch diese Tatsachen taten dem Medienrummel keinen Abbruch, der die Nachricht begleitete, dass das Familiengrab Jesu gefunden worden wäre. Die Verfasser veranlassten eine Prüfung der Patina, des Staubes oder Rußes auf dem Jakobus-Ossarium, um festzustellen, ob es den Materialien gleicht, die im Grab gefunden wurden. Zu ihrer Freude konnte sie verkündigen: »Sie stimmen überein!« Doch der Wissenschaftler, der die Überprüfung durchführte, wollte diese Schlussfolgerung nicht unterstützen und sagte, dass der Test nicht *beweisen* könne, dass das Jakobus-Ossarium in dem Talpiot-Grab gewesen sei. Es sei höchstens *möglicherweise* dort gewesen. Mit anderen Worten: Die Übereinstimmung bei der Analyse des Staubes bedeutete zwar, dass das Ossarium zum Talpiot-Grab passte, aber wahrscheinlich würde es zu anderen Gräbern genauso passen. Im Endeffekt läuft es darauf hinaus, dass der Test keine eindeutige Verbindung zu dem Grab darstellt.[2]

Ohne das Jakobus-Ossarium bleiben noch fünf Namen, die alle angeblich mit der Familie Jesu verbunden waren. Deshalb müssen wir uns fragen, ob dies der Ort sein könnte, an dem die Knochen Jesu begraben wurden.

Der Filmemacher James Cameron war an dem Projekt beteiligt und schrieb das Vorwort zu dem Buch über das Familiengrab. Er sagt, dass die Schlussfolgerungen der Dokumentation fast unwiderlegbar und in ihrem Zusammenhang überwältigend seien. Er schreibt, dass die Geschichte über das Familiengrab Jesu »aus harten greifbaren Beweisen besteht, Beweisen, die nicht lügen können.«[3]

Was also sollen wir glauben?

Auf Mythen verzichten

Ehe wir die Beweise prüfen, müssen wir mit einigen Mythen und recht albernen Vorstellungen brechen, die diese Diskussion begleiten.

Die erste unsinnige Behauptung lautet, dass es das Christentum *nicht* beeinträchtigen würde, wenn die Knochen Jesu entdeckt würden. Es ist unglaublich – ich habe selbsternannte Christen im Fernsehen sagen hören, dass das Christentum nicht entwertet würde, wenn diese Dokumentation Recht hätte. Schließlich, so lautet die Argumentation, sei Jesus geistlich auferstanden und nicht leiblich. Das Buch *The Jesus Family Tomb* verbreitet dieselbe Phantasterei, indem es behauptet, dass die Entdeckung der Knochen Jesu dem Christentum nicht schaden würde, weil »das Neue Testament uns nicht sagt, dass seine Schreiber glaubten, dass Jesus, als er in den Himmel auffuhr, seinen Leib mitnehmen musste!«[4] Das ist, als sagte man, dass Kolumbus nur geistig den Ozean überquert habe, aber nicht leiblich. Nach diesen Verfassern würde es das Christentum nicht beeinträchtigen, wenn Jesus nicht von den Toten auferstanden ist!

Wir sollten mutig festhalten: Wenn die Knochen Jesu entdeckt würden, dann würde unser Glaube wie ein Kartenhaus zusammenfallen. Erstens behauptete Jesus, dass er leiblich von den Toten auferstehen würde (Lk 9,22 und Joh 2,18-22). Außerdem besteht der gesamte Sinn von Jesu Tod und Auferstehung darin, dass er uns mit Leib, Seele und Geist erlöst hat. Jesus hat den Tod besiegt, und weil er lebt, werden auch wir leben.

Verständlicherweise waren die Jünger so erstaunt, als Jesus ihnen in seinem Auferstehungsleib begegnete, dass sie versucht waren zu denken, sie sähen einen Geist. Deshalb sagte Jesus zu ihnen: »*Was seid ihr so erschrocken, und warum steigen Zweifel auf in euren Herzen? Seht an meinem Händen und an meinen Füßen, dass ich es bin! Rührt mich an und schaut, denn ein Geist hat nicht Fleisch und Knochen, wie ihr seht, dass ich es habe!*« (Lk 24,38-39, Schlachter 2000).

Dann sollten Sie die eindeutigen Worte von Paulus bedenken:

> »*Wenn aber Christus nicht auferweckt ist, so ist also auch unsere Predigt inhaltslos, inhaltslos aber auch euer Glaube. Wir werden aber auch als falsche Zeugen Gottes befunden, weil wir gegen Gott bezeugt haben, dass er Christus auferweckt habe, den er nicht auferweckt hat, wenn wirklich Tote nicht auferweckt werden. Wenn aber Christus nicht auferweckt ist, so ist euer Glaube nichtig, so seid ihr noch in euren Sünden*« (1Kor 15,14-15.17).

Wenn Christus nicht auferweckt worden ist, dann werden wir als *falsche Zeugen Gottes* entlarvt! Unser Glaube ist vergeblich und wir sind noch in unseren Sünden. Die Vorstellung, dass Jesus in einem neuen Leib von den Toten auferstehen würde, während sein alter Leib im Grab lag, ist eine moderne Vorstellung und widerspricht der jüdischen Vorstellung von Auferstehung.

Wenn die Knochen Jesu in einem Ossarium verwest sein sollten, dann wäre unser Glaube vergeblich und wir wären die elendsten von allen Menschen. Wir hätten weder Hoffnung auf den Himmel noch Hoffnung darauf, Jesus wiederzusehen – und wir hätten einer Lüge geglaubt.

Es gibt natürlich eine Form des Christentums, das ein leeres Grab nicht nötig hat. Aber das ist ein kraftloses Christentum, das uns nicht von unseren Sünden befreien kann – ein Christentum, das nicht auf den endgültigen Sieg Jesu über Sünde und Tod vertraut, sondern den christlichen Glauben auf die Wünsche und Ideale anderer Religionen verkürzt.

Aber ehe wir das Christentum in den Mülleimer der Geschichte werfen, müssen wir fragen: Wie stichhaltig ist die Behauptung, dass das Familiengrab Jesu gefunden worden ist? Wie halten die Beweise für die Behauptung stand, dass dies die Knochen Jesu sind, wenn man sie mit zweitausend Jahren historischer Diskussion und Forschung zu diesem Thema vergleicht? Mehr dazu gleich.

Wir müssen noch auf eine zweite widersprüchliche Idee verzichten – der Behauptung, dass die Bibel anders als andere historische Bücher zu behandeln sei. Aus verschiedenen Gründen scheinen die allgemeinen Regeln der Textinterpretation nicht mehr zu gelten, wenn es um die Bibel geht. Zum Beispiel sagt James Cameron in seinem Vorwort zu dem Buch *The Jesus Family Tomb* über Jesus: »Man hat überzeugende Argumente dafür vorgebracht, dass er nie existiert hat, sondern ein Mythos war, der entstanden ist, weil er ein bestimmtes Bedürfnis erfüllte.«[5]

Er fährt fort: »Bisher hat es keinerlei materiellen Beweis seiner Existenz gegeben. Keine Fingerabdrücke, keine Knochen, kein Portrait, das zu Lebzeiten erstellt wurde, nichts. Kein Fetzen Pergament, der von der Hand Jesu beschrieben worden wäre.«[6] Damit sagt Cameron praktisch, dass die Entdeckung des Grabes Jesu dem Christentum einen Gefallen tue, weil wir nun wenigstens wüssten, dass er existiert habe! Jetzt könnten die Christen wenigstens erleichtert aufatmen!

Die Frage, die sich natürlich stellt, lautet: Was würde geschehen, wenn wir dieselben Beweise für die Existenz von Platon, Sokrates oder Julius Caesar fordern würden? Haben wir von diesen historischen Personen Fingerabdrücke? Natürlich nicht! Selbst wenn wir Fingerabdrücke Jesu hätten, wie wüssten wir, dass es seine waren? Der Wert von Fingerabdrücken besteht darin, mit vorhandenen verglichen zu werden, um zu sehen, ob sie übereinstimmen. Offensichtlich ist Camerons Forderung lächerlich. Haben wir Knochen von Platon, Sokrates oder Julius Caesar? Natürlich nicht! Haben wir Porträts, die zu Lebzeiten erstellt wurden? Natürlich nicht! Warum schließen wir dann nicht daraus, dass es nur Mythen sind, die ein bestimmtes Bedürfnis erfüllten? *Keine Fingerabdrücke, keine Knochen, keine Porträts zu Lebzeiten. Nichts.*

Indem er auf Beweisen besteht, die für keine andere historische Person gefordert werden, hat Cameron in einem einzigen Satz alle christlichen und heidnischen Quellen abgetan, die bestätigen, dass Jesus gelebt hat, gestorben und von den Toten auferstanden ist. Die übereinstimmenden Ergebnisse jahrhundertelanger Forschung werden einfach durch die Forderung nach einer Art von Beweisen beiseite gefegt, die prinzipiell überhaupt nicht existieren können.

Wenn man von dieser Art Methodologie ausgeht, hat man einen ersten Hinweis darauf, wie Beweise für Jesus behandelt werden. Von jetzt an wird die Bibel nur zitiert, wenn sie eine Theorie unterstützt, und sie wird völlig abgelehnt, wenn sie eine Theorie widerlegt. Diese Forscher sind bereit, eine Geschichte zu akzeptieren, die das Begräbnis Jesu im Grab des Josef von Arimathäa beschreibt, weil sie sich in ihren Dienst zwingen lässt, um die Geschichte von ihrer Familiengrab-Theorie zu unterstützen. Aber sie sind nicht bereit, den nächsten Abschnitt der Bibel anzuerkennen, der die Auferstehung Jesu genauso präzise schildert. Viele solche Beispiele existieren im gesamten Buch.

Schließlich müssen wir auch die Vorstellung aufgeben, dass die gnostischen Evangelien einen verlässlicheren historischen Bericht bieten als die kanonischen Schriften. Die Gnostiker waren Lehrer, die versuchten, die griechische Philosophie mit dem Christentum zu verbinden. Ihre sogenannten gnostischen Evangelien wurden später als die Evangelien des Neuen Testamentes geschrieben und waren in der Urkirche als Fälschungen bekannt. Sie geben noch nicht einmal vor, historisch zu sein. Doch in solchen Büchern wie *Sakrileg* und *The Jesus Family Tomb* werden diese späteren Dokumente zitiert, als ob sie unfehlbar seien.

Während *Sakrileg* als Fiktion beworben wurde (obwohl es sich angeblich um historische Fiktion handelt), behauptet *The Family Tomb*, nüchterne historische Fakten darzustellen. Und doch müssen sich die Verfasser, wie wir feststellen werden, zweifelhaften Quellen aus dem vierten Jahrhundert zuwenden, um eine Identifizierung eines der Ossarien im Familiengrab vorzunehmen.

Die Sache mit der Wahrscheinlichkeit

Wir wollen nun zu unserer ursprünglichen Frage zurückkehren: Wie hoch ist die Wahrscheinlichkeit, dass das Talpiot-Grab wirklich das Familiengrab Jesu war? In ihrem Buch behaupten Jacobovici und Pellegrino, dass die Wahrscheinlichkeit eines zufälligen Zusammentreffens dieser Namen 1:2,5 Millionen betrage. Die Dokumentation des *Discovery Channel* ist der bescheidenen Ansicht, dass die Chancen 1:600 stehen. Doch das ist immer noch eine sehr große Wahrscheinlichkeit, die dafür sprechen würde, dass dieses Grab in Talpiot das Grab von Jesus und seiner Familie ist.

Wir müssen damit beginnen, worauf auch die Verfasser hinweisen, nämlich dass diese Namen auf den Ossarien zur Zeit des Neuen Testamentes sehr verbreitet waren. Die Gelehrten sagen uns, dass es etwa 80 Gräber und sechsundzwanzig Ossarien mit dem Namen Jesus gibt. Die genaue Zahl ist umstritten, weil die Inschriften auf den Ossarien äußerst schwer zu entziffern sind und man sich nicht bei allen über die Bedeutung einig ist. Dennoch ist es an sich noch nicht bemerkenswert, wenn man den Namen Jesus als Inschrift auf einem Ossarium findet, weil damals etwa jeder zwanzigste Mann den Namen Jesus trug.

Fünfundzwanzig Prozent aller Frauen, die zur Zeit Jesu lebten, trugen den Namen Maria, was uns erklärt, warum es im Neuen Testament sechs verschiedene Marias gibt. Und unter den 233 Ossarien, die katalogisiert sind, erscheint der Name Josef in 14 % der Fälle. So sind sich die Experten einig, dass etwa einer von sieben Männern den Namen Josef trug.[7]

Die Tatsache, dass diese Namen im ersten Jahrhundert so verbreitet waren, erklärt, warum von den Archäologen, die im

Jahr 1980 das Grab entdecken, niemand auf die Idee kam, dass dies das Grab Jesu und seiner Familie sein könnte. Die Ossarien wurden sorgfältig katalogisiert und in ein Lagerhaus der *Israel Antiquities Authority* (IAA, die Israelische Altertumsbehörde) in Israel gebracht. Dann erzählte die BBC zehn Jahre später die Geschichte des Grabes und Amos Kloner, Israels prominentester Archäologe, betätigte, dass dies sehr verbreitete Namen waren und dass es sehr weit hergeholt wäre zu sagen, dies könne das Grab der Familie Jesu sein.[8] So verschwand dieser Bericht einfach wieder vom Nachrichtenradar, nur um später zu einem Sensationsbuch und einem *Discovery Channel*-Bericht neu aufgearbeitet zu werden. Die Tatsache, dass die BBC das Ganze nicht als Story betrachtete, sollte uns einiges über ihre Bedeutung sagen.

Aber die Verfasser von *The Jesus Family Tomb* sagten, dass sie die weite Verbreitung der Namen eingerechnet hätten und dennoch von einer hohen Wahrscheinlichkeit ausgehen, dass es sich um Jesu Grab handele. Deshalb müssen wir ihre Ergebnisse genauer analysieren. Wahrscheinlichkeisberechnungen gründen auf Annahmen. Wenn man von ungünstigen Annahmen ausgeht, führt das zu wenig wahrscheinlichen Ergebnissen.

Obwohl das Ossarium mit der Aufschrift »Jesus, Sohn des Josef« das bedeutendste ist, steht das mit der Aufschrift *Mariamene e Mara* direkt anschließend im Mittelpunkt des Interesses. Es gehörte angeblich Maria Magdalena, der Frau Jesu. Warum gehen die Verfasser davon aus, dass sich dieser Name auf Maria Magdalena bezieht, obwohl die Namen doch sehr verschieden sind?

Sie argumentieren, dass einige Mitglieder der Urgemeinde Maria Magdalena *Mariamne* nannten, und die Verfasser verweisen auf das Aramäische um darzulegen, dass das Wort *Mara* »Meister« bedeutet. Sie übersetzen also die Inschrift als »Mariamne

Meister«. Daraus entwickelt man nun die Idee, dass Maria Magdalena nicht nur Jesu Frau, sondern auch als sein ranghöchster Jünger anerkannt war.

Aber es fehlt ihnen immer noch eine Begründung dafür, zu mutmaßen, dass der Name Mariamene ein Hinweis auf Maria Magdalena ist. Wenn diese Gleichsetzung nicht durch Tatsachen gestützt wird, dann verringert sich die Wahrscheinlichkeit sehr, dass es sich um das Familiengrab Jesu gehandelt haben könnte. Um diese Gleichsetzung zu erreichen, wenden sich die Verfasser einem gnostischen Dokument des vierten Jahrhunderts zu, der *Apostelgeschichte des Philippus*, in der, so sagt man uns, Maria Magdalena auch Mariamene genannt wird. Wenn man allerdings das gnostische Dokument liest, dann findet sich dort zwar ein Hinweis auf eine Frau namens *Mariamne* (obwohl sie anders geschrieben wird), doch hat diese Frau keine klare Verbindung zu Maria Magdalena. Die Frau in der *Apostelgeschichte des Philippus* wird als die Schwester des Philippus bezeichnet (die Gnostiker verwendeten in irreführender Absicht die Namen von Jüngern, um Glaubwürdigkeit zu erlangen), und sie predigte auf Griechisch. Man muss sich schon ziemlich weit aus dem Fenster lehnen, um zu behaupten, dass es sich hierbei um einen Hinweis auf Maria Magdalena handelt.

Ich kann nicht oft genug betonen, dass diese gnostischen Dokumente später datiert werden und deshalb nicht von Augenzeugen geschrieben wurden, oder von irgendjemandem, der Jesus und Maria Magdalena gekannt haben könnte. Forscher berichten, dass der früheste Zeitpunkt für die Entstehung dieses Dokuments die Mitte des zweiten Jahrhunderts ist, obwohl die derzeit bekannten Abschriften erst aus dem vierten Jahrhundert stammen. Bezeichnenderweise nennt keiner der kanonischen Texte, die von Augenzeugen stammen, Maria Magdalena anders als mit diesem Namen.

Die Verfasser betonen sehr die Tatsache, dass die DNA in dem Mariamene-Ossarium nicht mit der im Jesus-Ossarium übereinstimmt. Das, so sagen sie, sei ein weiterer Beweis dafür, dass Jesus und Maria Magdalena verheiratet waren. Aber die Tatsache, dass diese DNA nicht übereinstimmen, sagt darüber nichts aus. Es ist so, als würde ich behaupten, weil Ihre DNA nicht mit der von der Frau übereinstimmt, die in der Gemeinde hinter Ihnen sitzt, seien Sie mit ihr verheiratet. Die DNA beweist nur, dass diese beiden Menschen biologisch nicht verwandt waren. Kein Wunder, dass die Forscher, die für die DNA-Analysen herangezogen wurden, sich jetzt von den unhaltbaren Schlussfolgerungen distanzieren, die aus ihrer Arbeit gezogen werden.[9]

Wie oben schon erwähnt, ist die Entzifferung von Namen auf Ossarien eine schwierige und umstrittene Angelegenheit. Es gibt Archäologen, die der Meinung sind, dass das Wort *Mara* nicht Meister heißt, sondern eine Form des Namens *Martha* ist, ein weiterer verbreiteter Name zur Zeit des Neuen Testamentes. In diesem Fall könnten die Knochen von zwei verschiedenen Frauen in dem Ossarium gelegen haben. Weil es üblich war, die Knochen von mehreren Menschen in demselben Ossarium zu bestatten, kann man auch nicht wissen, welcher Knochenteil zu wem gehörte.

Außerdem: Die Inschrift »Jesus, Sohn des Josef« auf dem berühmten Ossarium ist nicht unumstritten. Man nennt dieses Ossarium auch das Graffiti-Ossarium, weil die Namen ziemlich unordentlich auf der Seite des Kastens eingeritzt wurden. Das erklärt, warum einige Archäologen nicht glauben, dass der Name auf dem Grab *Jesus* lautet, sondern meinen, dass er sich auf eine andere Person bezieht. Außerdem kann ich nicht glauben, dass die Jünger die Knochen von jemandem, den sie für den Messias hielten, auf diese Weise behandelt hätten! Einige andere Ossarien des Grabes waren verziert – warum dieses nicht?[10]

Andrey Feuerverger, der Statistiker aus Toronto, der die Wahrscheinlichkeitsrechnungen für das Grab machte, sagt, dass seine Arbeit auf Annahmen beruhe, die ihm vorgegeben waren. Er sagt weiter: »Es ist kein Geheimnis, dass die Annahmen strittig sind. Ich versuchte, bei Dingen zu bleiben, die mir in etwa vernünftig erschienen, aber ich bin kein Theologe.«[11] Tal Ilan, der das *Lexicon of Jewish Names in Late Antiquity* (Lexikon jüdischer Namen in der Spätantike) zusammengestellt hat, widerspricht der Vorstellung vehement, es könne sich um das Grab Jesu handeln.[12] Kein Wunder, dass Jonathan Reed, der kein Christ ist, die Schlussfolgerungen über das Jesus-Grab »Archäo-Porno« nannte, den schlimmsten Missbrauch archäologischer Funde, um eine hypothetische Theorie zu stützen.[13] Bezeichnenderweise wurden weder in dem Buch *The Jesus Family Tomb* noch in der Dokumentation des *Discovery Channel* Archäologen zitiert, die diese Auffassung nicht teilen.

Ungeklärt

Dieses Szenario lässt eine ganze Reihe anderer Punkte ungeklärt. Wir wollen jeden davon genau durchdenken.

Die Art und der Ort des Grabes

Die Verfasser geben zu, dass dieses Familiengrab, wenn man es so nennen kann, sehr reichen Leuten gehörte. Wir müssen fragen, wie sich die Familie Jesu eine solche Grabstätte hätte leisten sollen? Auch stellt sich die Frage, warum das Grab in Jerusalem liegen sollte, wo die Familie doch nur als Pilger hierhin kam. Schließlich handelt es sich um »Jesus von Nazareth«. Außerdem wurde Jesus von seinen Anhängern niemals »Sohn Josefs« genannt, sondern eher »Messias« oder »Sohn Gottes«.

Warum fanden die Entdecker, als sie das Talpiot-Grab betraten, eine große griechische Inschrift, aber keine christlichen Zeichen, wie ein Kreuz oder ein Monogramm? Das zeigt uns, dass dieses Grab nicht einem aramäischen Paar gehörte, dessen Sohn als Gründer der Gemeinde bekannt war. Außerdem wurden diese Gräber Jahrzehnte lang benutzt, und so könnte dieses Grab eine ganze Ansammlung von Leichen enthalten haben, oder sogar adoptierte Familienmitglieder späterer Generationen.

Wer ist darin und wer nicht?

Wenn dies das Familiengrab Jesu war, wo ist Josef, der Ehemann von Maria, den man für den Vater Jesu hielt? Warum wurde er als Patriarch der Familie nicht hier begraben? Selbst wenn er woanders gestorben wäre, könnte man seine Knochen dorthin gebracht haben, wo die anderen begraben waren. Und warum wurde Matthäus hier begraben? Wenn dieser Matthäus wirklich der Jünger Jesu war, dann gibt es keinen Hinweis darauf, dass er zur Familie gehörte.

Der Beginn des Christentums

Selbst die Verfasser des Buches *The Jesus Family Tomb* sind sich einig, dass das erste Grab Jesu (das, welches Josef von Arimathäa gehörte) leer war. Aber sie spekulieren, dass die Jünger den Leichnam gestohlen und die Knochen später in einem Ossarium beigesetzt hätten. Aber wenn das der Fall war, warum haben dann die Jünger die Auferstehung verkündigt und sind für diesen Glauben sogar gestorben? Ja, in der Geschichte mag mancher bereit gewesen sein, für etwas zu sterben, was sich hinterher als Lüge herausstellte. Aber es gibt kein eindeutiges Beispiel dafür, dass jemand für etwas gestorben wäre, von dem er *wusste*, dass es eine Lüge war.

Man bedenke nur, was diese neue Theorie nach sich zieht: Sie verlangt, dass in der Zeit nach dem Tod Jesu die Familie den Leichnam stehlen und aufbewahren musste, bis das Fleisch verwest war. Dann mussten sie dieses teure Grab kaufen, während sie gleichzeitig verkündeten, dass Jesus von den Toten auferstanden sei.

Und wie war das mit Jakobus, dem Halbbruder Jesu? Er hätte das Familiengrab sicherlich gekannt. Wie konnte er an die Auferstehung glauben und sie predigen, wenn er sicher wusste, dass die Knochen seines Bruders in dem Grab beigesetzt waren?

Warum haben die Römer diese Inschriften nicht benutzt, um die Christen zum Schweigen zu bringen, die die Auferstehung verkündigten? Die Nachricht, dass Jesus nicht von den Toten auferweckt wurde, hätte sich bald verbreitet und die Behauptung von der Auferstehung hätte sich bald als Betrug erwiesen.

Viele Zeugen

Wenn die Knochen Jesu in einem Ossarium beigesetzt worden wären, wie können wir dann die Beweise erklären, die Paulus denen präsentierte, die an der Auferstehung zweifelten? In einem der frühesten Bücher des Neuen Testamentes, das ca. im Jahr 52 n. Chr. verfasst wurde, schreibt er:

»Denn ich habe euch vor allem überliefert, was ich auch empfangen habe: dass Christus für unsere Sünden gestorben ist nach den Schriften; und dass er begraben wurde und dass er auferweckt worden ist am dritten Tag nach den Schriften; und dass er Kephas erschienen ist, dann den Zwölfen. Danach erschien er mehr als fünfhundert Brüdern auf einmal, von denen die meisten bis jetzt übrig geblieben, einige aber auch entschlafen sind. Danach erschien er Jakobus, dann den Aposteln allen; zuletzt aber von allen, gleichsam der unzeitigen Geburt, erschien er auch mir« (1Kor 15,3-8).

Paulus sagt hier, dass Jesus vielen Menschen erschienen ist, die noch lebten, so dass die Korinther, wenn sie Zweifel an der Auferstehung hatten, einfach die fragen konnten, die ihn gesehen hatten. Die christliche Lehre von der Auferstehung beruht nicht auf *einem* Augenzeugen, oder in diesem Falle dem Augenzeugenbericht der Jünger – obwohl das für den Glauben sicher ausreichen würde. Im Gegenteil, Hunderte haben den auferstandenen Christus gesehen, und viele lebten noch, um davon Zeugnis ablegen zu können.

Ganz nah und persönlich

Diejenigen, die gerne die Auferstehungsberichte in Misskredit bringen, spekulieren häufig, dass die Jünger leichtgläubige Fischer und für Halluzinationen und Aberglauben empfänglich waren. Deshalb hätten sie bereitwillig aufgrund einer Massenhysterie an die Auferstehung geglaubt. Aber die Geschichte zeigt, dass sie in Wirklichkeit starrköpfige Fischer waren, die sich weder wilden Spekulationen hingaben, noch eine irrationale Bereitschaft zeigten, an Wunder zu glauben.

Der »ungläubige Thomas«, wie er häufig genannt wird, erinnert uns daran, dass Jesus sich Skeptikern anpasste, deren Herzen zwar bereit waren, die Wahrheit anzunehmen, aber die ernsthaft annahmen, dass es nicht genug Beweise gebe. Echte Zweifel sind willkommen. Es ist einmal gesagt worden, dass diejenigen, die nie gezweifelt haben, auch nicht wirklich glauben. Ich habe auch gehört, wie jemand den Zweifel als »Stolpern über einen Stein, den wir nicht verstehen« bezeichnet hat, während Unglaube bedeutet, »einen Stein aus dem Weg zu schießen, den wir nur zu gut verstehen«.

Thomas hatte einen Hang zum Pessimismus, die Überzeugung, dass letztlich nichts wirklich gut ausgehen würde. Als Christus seinen Jüngern sagte, dass es Zeit sei, nach Jerusalem zurückzukehren, sagte Thomas zu seinen Freunden: »*Lasst auch uns gehen, damit wir mit ihm sterben*« (Joh 11,16). Er war ein unverbesserlicher Pessimist, einer von der Art, der ein Glas eher als halb leer statt als halb voll bezeichnet.

Nach der Auferstehung begegnete Christus seinen Jüngern im Obersaal, aber Thomas war nicht dabei. Wie die meisten Melancholiker litt er lieber allein. Soweit es ihn anging, war alles vorbei. Er war Zeuge gewesen, wie ein wunderbares Leben ein tragisches Ende nahm.

War der Zweifel von Thomas berechtigt? Die Wunder Jesu hätten ihm schon das Vertrauen geben können, dass das große Wunder der Auferstehung nicht nur möglich, sondern sogar notwendig war. Hier war ein Leben, das *nicht* am Kreuz enden konnte.

Thomas hätte schon wegen der Berichte der Jünger glauben sollen. Als sie ihn sahen, riefen sie alle: »*Wir haben den Herrn gesehen!*« Das wäre der Traum eines jeden Anwalts: Zehn Zeugen, die alle das Gleiche aussagen. Aber für einen Pessimisten reichten diese Beweise nicht aus.

Thomas gehörte nicht zu den Jüngern, die so vom »messianischen Fieber« erfasst waren, dass er nach Gründen suchte, um an die Göttlichkeit Jesu zu glauben. Sein berühmtester Ausspruch lautet: »*Wenn ich nicht in seinen Händen das Mal der Nägel sehe und meine Finger in das Mal der Nägel lege und lege meine Hand in seine Seite, so werde ich nicht glauben*« (Joh 20,25).

Eine Woche später erfüllte Jesus seinen Wunsch. Er kam durch die verschlossene Tür und sagte zu Thomas: »*Reiche deinen Finger her und sieh meine Hände, und reiche deine Hand her und lege sie in meine Seite, und sei nicht ungläubig, sondern gläubig!*« (Joh 20,27). Thomas rief: »*Mein Herr und mein Gott!*« (Joh 20,28). Der Beweis entsprach seinen Erwartungen und war überzeugend.

Sind die Beweise für die Auferstehung Jesu genauso offensichtlich, wie die Rechnung zwei und zwei vier ergibt? Nein, das kann nicht sein, denn Mathematik bedeutet, einfach zwei Zahlen durch den Verstand zu vereinen. Auch ist es nicht wie in der Naturwissenschaft, deren Experimente wiederholt werden können. Die Beweise für die Auferstehung basieren auf exakter historischer Forschung, die auf allgemein anerkannten Regeln für die Beweiskraft von Manuskripten ruht. Diese Beweise reichen für den aufrichtigen Zweifler aus, aber für den unaufrichtigen nicht.

Ihr Name könnte genauso gut in der Bibel stehen. Als er mit Thomas sprach, fügte Jesus hinzu: »*Weil du mich gesehen hast, hast du geglaubt. Glückselig sind, die nicht gesehen und doch geglaubt haben!*« (Joh 20,29). Wir könnten das auch in andere Worte fassen: Gesegnet bist du – Thomas, Sonja oder Marie –, weil du zwar nicht gesehen hast, aber dennoch glaubst!«

Unser Glaube lässt sich überprüfen. Wir geben der religiösen

Wahrheit keine bevorzugte Stellung, die sie immun gegen rationale Überlegungen macht. Es gibt gute Gründe dafür zu glauben, dass Gott in Bethlehem in unsere Welt gekommen ist, dass er in Jerusalem gekreuzigt und begraben wurde, und dass er in einem spektakulären Akt des Sieges und der Erlösung von den Toten auferstanden ist.

> *»Von der Zeit an begann Jesus seinen Jüngern zu zeigen, dass er nach Jerusalem hingehen müsse und von den Ältesten und Hohenpriestern und Schriftgelehrten vieles leiden und getötet **und am dritten Tag auferweckt werden müsse**«* (Mt 16,21; Hervorhebung durch den Verfasser).

Wenn man diesem Versprechen nicht glaubt, dann verrät man den, der es gegeben hat.

Jesus wurde nicht gekreuzigt

> »und (weil sie) [die Juden] *sagten:* › *Wir haben Christus Jesus, den Sohn der Maria und Gesandten Allahs, getötet* ‹ – *aber sie haben ihn* (in Wirklichkeit) *nicht getötet und* (auch) *nicht gekreuzigt.* «
> Der Koran (Übersetzung Paret)

»Kein Muslim kann in Gegenwart eines Kreuzes beten!«

Ich lernte dies, als ich die *Hagia Sophia* (die Kirche der Heiligen Weisheit) in Istanbul besuchte, die große Kirche, die von den Türken erbeutet wurde, als sie 1453 Konstantinopel eroberten. Dieses Gebäude hat fünfhundert Jahre lang als Moschee gedient und seit neuerer Zeit wird sie als Museum gesehen – ein Monument für den angeblichen Sieg des Islam über das Christentum. Als wir dort waren, nahm mich mein muslimischer Führer auf eine ausführliche Tour mit und wies darauf hin, dass alle Kreuze, die Teil des Originals gewesen waren, mit Hammer und Meißel entfernt wurden. Der Grund? Er erklärte, dass *kein Muslim in der Gegenwart eines Kreuzes beten kann.*

Jesus genießt im Islam einen besonderen Status. Er wird in dreiundneunzig Versen des Korans erwähnt, und viele davon beziehen sich auf seine Geburt. Mohammed selbst hielt seine Beziehung zu Jesus für einzigartig: »Ich bin dem Sohn der Maria von allen Menschen am nächsten, und alle Propheten sind väterliche Brüder, und es gab zwischen ihm und mir keinen Propheten.«[1]

Muslime halten Jesus für einen großen Propheten, den man verehren, aber nicht anbeten darf. Sie leugnen die Göttlichkeit Jesu und glauben, dass jeder, der glaubt, Jesus sei Gott, unter dem größten Fluch steht. Aber sie leugnen nicht nur die Gottheit Jesu, sondern auch seine Kreuzigung. *Gott hat Jesus so sehr geliebt*, sagen sie uns, *dass er ihn nicht sterben lassen würde.*

Eine der Hauptstellen im Koran, die die Kreuzigung Jesu leugnet, findet sich in Sure 4,157-159, wo eine andere Erklärung für die Behauptung der Juden gegeben wird, Jesus an ein Kreuz genagelt zu haben:

»Und wegen ihrer Rede: ›Wir haben den Messias, Jesus, den Sohn der Maria, den Gesandten Allahs, getötet‹, während sie ihn doch weder erschlagen noch gekreuzigt hatten, sondern dies wurde ihnen nur vorgetäuscht; und jene, die in dieser Sache uneins sind, sind wahrlich im Zweifel darüber; sie haben keine Kenntnis davon, sondern folgen nur einer Vermutung; und sie haben ihn nicht mit Gewissheit getötet. Vielmehr hat Allah ihn zu sich emporgehoben, und Allah ist allmächtig, allweise.« (Sure 4,157-158)

So gelang es den Juden laut dem Koran nicht, Jesus zu töten, der der »Gesandte Allahs« genannt wird. Einige muslimische Ausleger sagen, dass die Juden jemanden getötet haben, den Gott *so aussehen ließ wie* Jesus. Dies würde Gott jedoch der Täuschung und der Illusion schuldig machen. Warum sollte Gott sich an einer betrügerischen und ungerechten Tat beteiligen, indem er jemanden schuf, der wie Jesus aussah, und diese unschuldige Person anstelle von Jesus sterben ließ? Gott würde sich der Betrügerei schuldig machen, indem er Menschen glauben ließ, dass Jesus gekreuzigt worden sei, wenn es sich doch um jemanden anderen gehandelt hat.[2]

Andere muslimische Gelehrte sagen, dass Gott Jesus in den Himmel erhoben hat, und die Juden dann jemand anderen nahmen und ihn kreuzigten, um einen Aufstand im Volk zu vermeiden. So *meinten* die Menschen zwar, dass Jesus gekreuzigt worden sei, aber die Juden selbst wussten es besser. Diese Annahme ist natürlich falsch, weil die Jünger Jesus gut kannten und von einem anderen nicht hätten in die Irre geführt werden können.

Ein hoch angesehener muslimischer Kommentator behauptet, dass Judas anstelle von Jesus gekreuzigt worden sei. Nach diesem Szenario fragte Jesus seine Jünger, welcher von ihnen sich zur Verfügung stelle, dass er ihm ähnlich gemacht und getötet werde und dann ins Paradies käme. Judas meldete sich freiwillig und ersetzte Jesus am Kreuz.[3]

Aber keines dieser Szenarien funktioniert. Ob Gott jemanden wie Jesus aussehen ließ, oder ob die Juden bewusst jemanden statt Jesus gekreuzigt haben, das Resultat ist immer das gleiche: Die Jünger hätten die List erkannt und sich nicht durch einen anderen irreführen lassen. Mehr dazu gleich.

Die Quintessenz lautet, dass nach muslimischer Sicht »das Kreuz nicht stattgefunden hat ... und es gibt einen islamischen Konsens zu sagen: ›Es musste nicht passieren, und außerdem, es sollte nicht passieren. Es hat historisch nicht stattgefunden, und es hat von der Erlösung her nicht stattgefunden, und es sollte moralisch Jesus nicht zustoßen.‹«[4] Wenn man diese Sicht akzeptierte, dann dürfte es kein Kreuz im Christentum geben, und dieses Symbol selbst wäre für gläubige Muslime anstößig.

Woher hatte Mohammed seine Vorstellung, dass Jesus nicht gekreuzigt wurde? Eine Theorie lautet, dass er sie von einigen christlichen Sekten übernahm, wie etwa einigen Gnostikern, die spekulierten, dass Jesus der Kreuzigung entgangen sei. So lesen wir z. B. in dem gnostischen Text der *Offenbarung des Petrus*, die auf das dritte Jahrhundert datiert wird: »Er, den du an dem Stamm sahst, froh und lachend, das ist der lebendige Jesus. Aber der, in dessen Hände und Füße sie Nägel treiben, ist der fleischliche Teil, der der Stellvertreter ist, der beschämt wird, der eine, der in seinem Ebenbild geworden ist.«[5] Dieser lachende Jesus ist ähnlich dem lachenden Jesus, wie er sich im Judas-Dokument findet, wo Jesus über seine Jünger lacht, weil sie zu Gott, dem Vater, beten.

Wie wir schon gesehen haben, beanspruchen diese gnostischen Texte nicht, historische Dokumente zu sein, sondern es sind tiefsinnige Gedanken von Lehrern, die von Platon beeinflusst worden sind, der lehrte, dass die Materie böse und das das Ziel des Menschen sei, dem Körper zu entkommen. Diese Texte werden sehr viel später datiert als die Augenzeugenberichte des Neuen Testamentes und tragen gefälschte Verfasserangaben. Kein seriöser Theologe glaubt wirklich, dass der Apostel Petrus der Verfasser der *Offenbarung* ist, die seinen Namen trägt.

Dass Mohammed allgemein verbreitete Fabeln seiner Tage wiederholte, erklärt, warum er lehrte, dass Jesus unter einer Palme geboren wurde, und dass Jesus Tonvögel zum Leben erweckte. Ähnliche erfundene Geschichten aus der Zeit des Alten Testaments werden auch im Koran verarbeitet, so wie die Vorstellung, dass Abraham und Ismael die Kaaba in Mekka gebaut hätten, obwohl Mekka zur Zeit Abrahams überhaupt noch nicht existierte. Außerdem erscheint Abraham im biblischen Text, der mehr als tausend Jahre älter ist als der Koran, nirgendwo in der Nähe des Ortes, an dem später Mekka gebaut wurde. So können wir sicher sagen, dass die jüdische und christliche Geschichte geplündert wurde, um Mohammeds Autorität als legitimen Propheten Gottes zu festigen, der über alle andere religiöse Geschichte hinausragt.[6]

Obwohl es wahrscheinlich ist, dass Mohammed die Vorstellung, dass Jesus nicht gekreuzigt wurde, aus solchen Quellen wie den Gnostikern schöpfte, sollten wir auch daran denken, dass der Koran die allgemeine jüdische Lehre unterstützt, dass Jesus nicht hätte sterben können, wenn er der Messias gewesen wäre. Der Messias war schließlich mächtig und siegreich. Für ihn wäre der Tod eine große Niederlage gewesen.

Deshalb lautet das Argument: Gott ist seinen Boten treu, und deshalb würde Gott Jesus nicht sterben lassen. Der Koran lehrt, dass Gott dem den Sieg schenkt, der Gottes Anliegen siegreich werden lässt. Deshalb wurde Jesus als wahrer Prophet geehrt und vor dem Tode bewahrt. Wenn Gott es erlaubt hätte, dass ein so großer Prophet wie Jesus gekreuzigt würde, dann wären seine Treue und seine Gerechtigkeit angetastet worden. Die Botschaft Jesu wäre in Verruf geraten.[7]

Dennoch sollten wir uns daran erinnern, dass der Koran die Juden anklagt, viele Propheten vor Jesus getötet zu haben. Weshalb also sollte Gott die Juden diese Propheten töten lassen, sie jedoch angeblich davon abgehalten haben, Jesus demselben Schicksal zu unterwerfen?[8] Schließlich war Jesus nach muslimischem Denken nur ein Prophet – wenn auch ein besonderer. Deshalb gibt es keinen Grund, warum er besonderen Schutz hätte haben sollen, den andere Propheten nicht hatten.

Vor uns liegen also zwei Fragen: Erstens, ist Jesus wirklich am Kreuz gestorben, oder konnte er der Kreuzigung irgendwie entkommen? Und zweitens, ehrt der Islam Jesus mehr als die Christen es tun, indem er sagt, dass er für Gott etwas so Besonderes war, dass er ihn nicht sterben lassen wollte?

Wurde Jesus gekreuzigt?

Die Evangelien berichten mit solch einem Sinn für Einzelheiten und mit so viel Realismus, dass sie nur das Produkt von Menschen sein können, die Augenzeugen der Vorgänge gewesen sind. Zusätzlich zu den römischen Soldaten versammelten sich viele Menschen, um zu sehen, was vor sich ging. Zwei Jüngerinnen Jesu begruben gemeinsam mit Josef von Arimathäa und Nikodemus den Leichnam Jesu, und mehrere Frauen folgten diesen Männern und sahen, wohin sie Jesus legten.

Der Koran, der mehr als fünfhundert Jahre später entstand, ist kein Augenzeugenbericht. Außerdem gibt es für die Evangelien eine Reihe von unabhängigen Zeugen, während der Islam nur das Wort eines einzelnen Menschen hat, nämlich Mohammed. Fast die Hälfte der Verse über Jesus im Koran behandeln seine Geburt, im Gegensatz zu den Evangelien, die ihre Betonung auf seinen Tod und seine Auferstehung legen. Markus und Johannes sagen gar nichts über die Geburt Jesu, aber sie beschreiben seinen Tod und seine Auferstehung sehr ausführlich.

Die Beweise aus Manuskripten für die Ereignisse im Leben Jesu sind mit Hilfe der üblichen Kriterien für historische Forschung überprüft und für glaubhaft befunden worden. Obwohl dies nicht der Ort ist, solche Beweise ausführlich zu besprechen, verleihen die nüchternen historischen Augenzeugenberichte der Glaubwürdigkeit des Neuen Testamentes ein solches Gewicht, das dem kritischen Blick von Historikern, Archäologen und selbst Skeptikern standhält. Muslimische Behauptungen, der Text des Neuen Testamentes sei verändert worden, sind erwiesenermaßen falsch.[9]

Selbst säkulare Historiker bestätigen den Tod Jesu. Josephus, der bereits zu einer Zeit schrieb, als Christus noch auf der Erde lebte, sagte, dass Jesus am Kreuz gestorben ist: »Pilatus verurteilte ihn auf Verlangen der führenden Männer unter uns zum Kreuz.«[10] Tacitus (ein römischer Historiker des frühen zweiten Jahrhunderts) beschreibt Christen als diejenigen, die ihren Namen von »Christus bekamen, der durch Richterspruch vom Prokurator Pontius Pilatus in der Provinz Tiberias hingerichtet wurde.«[11]

Ein zusätzlicher Beweis für die Kreuzigung ist die Art, wie die Jünger selbst darum ringen mussten, den Tod Jesu zu akzeptieren. Sie akzeptierten ihn erst, als sie die Realität dazu zwang, denn selbst sie rechneten nicht damit, dass ihr Meister auf eine solche Weise sterben könnte. In seinem Buch *The Prophet and the Messiah* (Der Prophet und der Messias) schreibt Chawkat Moucarry: »Wenn die These, dass Jesus nicht gekreuzigt wurde, auch nur im geringsten plausibel wäre, dann wären seine Jünger sicherlich die Ersten gewesen, die sie unterstützt hätten. Aber sie hatten nicht die Möglichkeit dazu. Die Beweise waren so, dass sie die Realität des Todes Jesu annehmen mussten. Sie konnten nicht anders.«[12] Sie hätten nicht über ein Ereignis gelogen, das sie selbst anstößig fanden oder zumindest für unwahrscheinlich hielten. Petrus stolperte, wie wir sehen werden, besonders über diese Tatsache, und es fiel ihm schwer zu akzeptieren, dass sein Meister sterben sollte.

Wir fügen zu diesen Beweisen noch die überzeugende Aussage von Jesus selbst hinzu. Jesus litt stark unter seinem bevorstehenden Tod, und es ist deutlich, dass er davor zurückschreckte, die Sünde der Welt zu tragen. Die Evangelien stellen Jesus nicht als jemanden dar, der sich nach dem Tode gesehnt und deshalb sein Ableben ruhig und gelassen erwartet hätte.

Schauen Sie sich Jesus im Garten Gethsemane an, wo er mit seiner bevorstehenden Kreuzigung ringt! Wenn es ihm möglich gewesen wäre, der Kreuzigung auszuweichen, so scheint es, hätte er diese Möglichkeit sicher gewählt. Mit seiner scheinbaren Schwäche konnten seine Jünger nur schwer umgehen, denn sie verstanden die geistliche Qual nicht, die er erdulden sollte. Tatsächlich hätte er Engel rufen können, damit sie ihn befreien, aber er wusste, dass er einen Auftrag hatte, der unbedingt erfüllt werden musste (Mt 26,53-54).

Warum sollten die Evangelien von einem Ereignis berichten, das für Jesus so schrecklich und für seine Jünger so demütigend war, wenn es nicht wirklich stattgefunden hätte?[13] Das Neue Testament konfrontiert uns sowohl mit der Verletzlichkeit Jesu als auch mit seinem Tod, und wir müssen beides akzeptieren.

Interessanterweise berichtet sogar der Koran darüber, dass Jesus seinen Tod und seine Auferstehung voraussagte. »Friede sei mit mir am Tag meiner Geburt, am Tag meines Todes und am Tag meiner Wiedererweckung zum Leben!« (Sure Maria 19,33). Diese Voraussage wäre schwierig – wenn nicht unmöglich – zu erklären, wenn Jesus nicht wirklich gestorben wäre. Alle Beweise bestätigen die Glaubwürdigkeit des biblischen Berichtes.

Warum war die Kreuzigung notwendig?

Die zweite Frage, die nach einer Antwort verlangt, lautet: Wäre es für Jesus ehrenvoller gewesen, der Kreuzigung auszuweichen?

Wer ehrt Jesus mehr, der Islam oder das Christentum? Wie können Christen einen *gekreuzigten* Retter ehren, ja anbeten? Um diese Fragen zu beantworten, werden wir das Problem untersuchen, das Petrus mit der Prüfung durch die Kreuzigung hatte, und fragen, warum Christus eigentlich sterben *musste*.

Das Drama vollzieht sich in Cäsarea Philippi, wo Jesus seine Jünger die einfache, aber tiefgründige Frage stellte: *»Was sagen die Menschen, wer der Sohn des Menschen ist?«* (Mt 16,13). Sie antworteten mit verschiedenen Aussagen, die sie gehört hatten: Elia, Jeremia, oder einer der Propheten. Und dann stellte Jesus die Frage persönlich: *»Ihr aber, was sagt ihr, wer ich bin?«* Petrus antwortete: *»Du bist der Christus, der Sohn des lebendigen Gottes«* (Mt 16,15-16). Jesus lobte ihn: *»Glückselig bist du, Simon, Bar Jona; denn Fleisch und Blut haben es dir nicht geoffenbart, sondern mein Vater, der in den Himmeln ist«* (Mt 16,17).

Dann explodierte die Bombe: *»Von der Zeit an begann Jesus seinen Jüngern zu zeigen, dass er nach Jerusalem hingehen müsse und von den Ältesten und Hohenpriestern und Schriftgelehrten vieles leiden und getötet und am dritten Tag auferweckt werden müsse«* (Matthäus 16,21). Jesus benutzte das kleine griechische Wörtchen »dei«, das man mit *müssen* übersetzt. Er *musste* nach Jerusalem gehen und er *musste* leiden und getötet werden und am dritten Tage auferweckt werden. Das war nicht das logisch notwendige *Muss*, auch nicht die Unausweichlichkeit menschlicher Schwäche, sondern das *Muss* eines göttlichen Auftrages. Jesus war auf dem Weg nach Jerusalem, um den Willen des Vaters zu erfüllen.

Jesus wollte seine Jünger auf das Leid vorbereiten, das vor ihnen lag. Der Zeitplan der Ereignisse war eindeutig, sicher und kompromisslos. Sie sollten verstehen, dass sein Tod vorherbestimmt war. Es handelte sich nicht um eine schreckliche

Tragödie, die den Allmächtigen überrascht hätte. Ganz gleich, wie entsetzlich die vor ihnen liegenden Tage sein würden – dies war alles Teil eines göttlichen Plans.

Aber Petrus fand die Voraussage Christi so niederschmetternd, dass er meinte, er müsse seine neue Ehrenstellung nutzen, um seinen Meister zu tadeln. Trotz all seiner geistlichen Einsicht konnte Petrus einfach nicht ergründen, warum Christus, sein Messias, sich einer solchen Demütigung aussetzen sollte. Warum sollte der Christus sterben müssen? Und selbst wenn er sterben musste, warum musste es so schändlich sein?

Deshalb lesen wir: »*Und Petrus nahm ihn beiseite und fing an, ihn zu tadeln, indem er sagte: ›Gott behüte dich, Herr! Dies wird dir keinesfalls widerfahren‹*« (Mt 16,22). Er meinte es gut. Die Vorstellung eines gekreuzigten Messias war ein Widerspruch in sich. Er mochte in der Lage sein zu verstehen, warum die Propheten der Vergangenheit hingerichtet werden mussten, aber Jesus war mehr als ein Prophet. Er war der langersehnte Messias, der König von Israel. Könige – zumindest die mächtigen – hingen nicht am Kreuz, wenn sie die Macht hatten, es zu verhindern! *Petrus rang mit der Vorstellung, dass ein göttlicher Christus sterben könnte.*

Jesus reagierte nicht gerade freundlich auf die guten Absichten des Petrus und tadelte ihn scharf: »*Er aber wandte sich um und sprach zu Petrus: ›Geh hinter mich, Satan! Du bist mir ein Ärgernis, denn du sinnst nicht auf das, was Gottes, sondern auf das, was der Menschen ist‹*« (Mt 16,23). Jesus wertete die Vorstellungen des Petrus als *scandalos*, d. h. als Stolperstein, der seinen Auftrag behinderte, den Willen des Vater zu erfüllen.

Wir wundern uns über diese Szene. Ausgerechnet Petrus, der Jesus lieb hatte und der ihn gerade eben zum Messias erklärt hatte, wird zum Hindernis auf dem Weg des Gehorsams Christi! Erst war er Sprachrohr Gottes, doch jetzt war er Sprachrohr Satans.

Petrus argumentierte, dass die Kreuzigung der Ehrenstellung Jesu als Messias entgegenstehen würde. Die Vorstellung eines gekreuzigten Messias war einfach undenkbar. Aber Petrus machte Annahmen, die über seinen Wissensbereich hinausreichten! Wie konnte er so sicher sein, dass der Messias nicht sterben konnte – oder, zugespitzt, was machte ihn so sicher, dass der Messias nicht sterben *sollte*?

Der Rat des Petrus, die Kreuzigung zu verhindern, traf den Kern des ewigen Bundes, den Gott begründen wollte. Das Kreuz war die vorherbestimmte Angel, in der sich Gottes Plan für die Menschheit drehen sollte. Ohne Kreuz wären die Sünden nicht weggenommen worden, es gäbe keine Erlösung, keine Hoffnung für die Menschheit, mit Gott versöhnt zu werden. Das hätte nur zu gut in Satans Pläne gepasst. Die vorgebliche Weisheit des Petrus und der Plan des Teufels deckten sich. Es ist eindeutig: *Wer darauf besteht, dass Jesus der Kreuzigung entgangen ist, äußert Willen und Wunsch Satans.*

Ein weiterer Beweis dafür ist, dass Satan selbst Jesus denselben Rat gegeben hatte. Dort auf einem Berg sagte der Versucher zum Sohn Gottes: »*Dies alles will ich dir geben, wenn du niederfallen und mich anbeten willst*« (Mt 4,9). Satan lud Jesus ein, sich in Anbetung vor ihm zu beugen und die Reiche dieser Welt zu erlangen, ohne zu sterben! Satans Stimme des Hasses und Petrus' Stimme der fehlgeleiteten Liebe stimmten überein.

Für Jesus kam jedoch keine andere Option in Frage. Trotz der Schrecken, die auf ihn warteten, *musste* das Kreuz sein. Wenn Jesus ein falscher Messias gewesen wäre, der einen messianischen

Staatsstreich durchführen wollte, dann hätte er sich mit Sicherheit nicht ausgesucht, nach Jerusalem zu reisen, um sich dort kreuzigen zu lassen. Er hätte sich alle Mühe gegeben, die populären messianischen Erwartungen seiner Tage zu erfüllen, nämlich einen Aufstand gegen die römische Besatzungsmacht zu führen. Die Tatsache, dass er sich in fast allen Punkten entgegen der öffentlichen Meinung verhielt, bestätigt seine Glaubwürdigkeit.

Nach der Himmelfahrt Jesu Christi verstand Petrus endlich die Kreuzigung aus der Perspektive des ewigen Ratschlusses Gottes. Nachdem er ins Gefängnis geworfen und geschlagen worden war, bestätigte er während einer Gebetsversammlung, dass verschiedene Gruppen zusammengearbeitet hatten, um Christus zu kreuzigen: »*Indem sie so vorgingen, ist genau das eingetreten, was du in deiner Macht vorherbestimmt hattest und was nach deinem Plan geschehen sollte*« (Apg 4,28, NGÜ). Keine Vermutungen werden aufgestellt! Die Kreuzigung entsprach dem Plan und der Absicht Gottes. Es ist kein Wunder, dass Jesus keine Legion Engel rief, um ihn zu befreien. Ohne Kreuzigung wäre Gottes Plan verhindert worden.

Jesus selbst sprach von der Kreuzigung als dem Kern seines Auftrages. Hören wir, wie er zum Vater betet:

> »*Jetzt ist meine Seele bestürzt. Und was soll ich sagen? Vater, rette mich aus dieser Stunde? Doch darum bin ich in diese Stunde gekommen. Vater, verherrliche deinen Namen!*« (Joh 12,27-28, Hervorhebung durch den Verfasser)

Wir können es kaum deutlich genug sagen: Jesus kam auf die Erde, um zu sterben. Das Kreuz war der Grund für das alles.

Wäre Jesus auf den Vorschlag von Petrus eingegangen, wäre

die Erlösung von Petrus aufgehoben worden. Ohne Kreuz gäbe es keine Vergebung, keine Versöhnung und keinen endgültigen Sieg über Tod und Hölle. Das Kreuz ist die Nabe, die die Speichen der ewigen Absichten Gottes zusammenhält.

Was das Kreuz erreicht hat

Die Kreuzigung Jesu war Gottes beste Stunde, soweit es uns als Sünder betrifft. Dort haben sich sowohl die Liebe als auch die Gerechtigkeit Gottes gegenseitig zufriedengestellt; und uns wurde es möglich gemacht, mit dem Allmächtigen versöhnt zu werden. Die Liebe wollte uns erlösen, aber die Gerechtigkeit forderte, dass wir für unsere Sünden bezahlen, was für Sünder aber unmöglich ist. So entschloss sich Gott, die Initiative zu ergreifen und seine eigenen Forderungen zu erfüllen.

Am Kreuz begegneten sich die Liebe und Heiligkeit Gottes, wobei beide Eigenschaften völlig aufrechterhalten wurden. Gott konnte an seiner Heiligkeit festhalten, weil der Tod Christi Gottes gerechte Ansprüche der Sünde wegen erfüllte. John Piper schreibt: »Ein heiliger Fluch hängt über aller Sünde. Sie nicht zu strafen, wäre ungerecht. Die Erniedrigung Gottes würde unterstützt. ... Deshalb sendet Gott seinen eigenen Sohn, damit dieser den Zorn Gottes und den Fluch für alle trägt, die auf ihn vertrauen: ›Christus hat uns losgekauft von dem Fluch des Gesetzes, indem er ein Fluch für uns geworden ist‹ (Gal 3,13).«[14] Gott konnte an seiner Liebe festhalten, weil er jetzt frei war, Vergebung zu gewähren, und weil er den Menschen seine eigene Gerechtigkeit zum Geschenk machen konnte.

Folgen sie der Argumentation: Weil der Lohn für Sünde der Tod ist und wir alle Sünder sind, müssten wir entweder den ewigen Tod erleiden, oder jemand anders müsste für uns eintreten, so dass wir von der endgültigen Strafe für die Sünde ausgenommen werden könnten. Unser Stellvertreter müsste alle Forderungen Gottes in Bezug auf Heiligkeit, Gehorsam und makelloser Reinheit erfüllen. Als Sünder, die wir sowohl von Natur aus als auch aus eigenem Willen gesündigt haben, haben wir keine Chance, Gottes Ansprüchen zu genügen. Nur Jesus, der sündlos war, hat dieses Zeugnis bekommen. Um nochmals Piper zu zitieren: »Wenn Gott nicht *gerecht* wäre, dann wäre es nicht erforderlich gewesen, dass sein Sohn leiden und sterben musste. Und wenn Gott nicht *lieben* würde, dann hätte es keine *Bereitschaft* gegeben, seinen Sohn leiden und sterben zu lassen. Aber Gott ist sowohl gerecht als auch liebevoll. Deshalb ist seine Liebe bereit, die Anforderungen seiner Gerechtigkeit zu erfüllen.«[15] Jesu Leiden war aus dem einfachen Grund schrecklich, weil unsere Sünde schrecklich ist.

Vergleichen Sie das mit dem Islam. Der Koran lehrt, dass Menschen Sünden begehen, aber nicht, dass sie sündig *sind*. Sünde ist ein Akt des Ungehorsams gegen Gott, weniger der Beweis einer zerbrochenen Beziehung zu Gott.[16] Im Islam besteht keine Notwendigkeit, dass Gott die Menschheit erlöst, weil man selbst persönlich für seine Sünde bezahlt. Noch besser, man kann seine schlechten Taten ausgleichen, indem man Gutes tut. Wie mir ein muslimischer Taxifahrer in Chicago einmal sagte: »Ich soll keinen Alkohol trinken, aber ich tue es. Ich soll nicht mit Frauen schlafen, aber ich tue es. Deshalb werde ich in die Hölle kommen, aber nachdem ich für meine Sünde bezahlt habe, hoffe ich, dass ich letztendlich in den Himmel komme.« Wenn Allah vergibt, dann lässt er die Vergangenheit ruhen, weil es nicht nötig ist, seine Gerechtigkeit zu befriedigen.

Das Christentum lehrt, dass die Sünde so schlimm und Gottes Heiligkeit so fordernd ist, dass der Allmächtige die Sünde nicht übersehen kann. Das Christentum ist sich mit dem Islam einig, dass für jede Sünde bezahlt werden muss, und auch, dass derjenige, der sündigt, sterben muss. Aber die Christen sagen weiter, dass alle sterben würden, wenn uns Gott nur gerecht behandeln würde, denn es gibt keinen, der ohne Sünde ist, keinen einzigen. Das Problem ist, dass Sünder nicht für ihre eigene Sünde bezahlen können, nur ein heiliger Stellvertreter kann das.

Während also der Islam lehrt, dass wir für unsere eigenen Sünden bezahlen und darauf hoffen können, eines Tages ins Paradies eingelassen zu werden, besteht das Christentum darauf, dass wir eine unbezahlbare Schuld haben, die nur Gott selbst bezahlen kann. Phil Donahue, ein früherer Talkmaster, sagte bei einer Gelegenheit: »Wenn Gott die Welt liebt, warum hat er dann seinen Sohn gesandt, um zu sterben und uns zu erlösen? Warum kam er nicht vom Himmel und tat es selbst?« Die Antwort lautet: *In Christus hat Gott genau das getan!*

Ergun Mehmet Caner, als Muslim aufgewachsen und später Christ geworden, sagt, dass die Vorstellung, dass Blut als Sühne vergossen wird, für Muslime nichts Neues ist. Wenn wir einem Muslim erklärten, dass Jesu Blut vergossen wurde, wird dieser Muslim uns sagen: »Wir *glauben* an die Sühne. Wir *glauben* an das Blut! Der Unterschied besteht darin, dass wir glauben, durch das Vergießen *unseres eigenen* Blutes unsere Vergebung erkaufen zu können. Wir glauben, dass *unser* Blut unsere einzige ewige Sicherheit erkauft. Das ist das Konzept des Dschihad – als Märtyrer in einer ausgerufenen Fatwa zu sterben.«[17] Was Muslime nicht verstehen, so sagt Caner, ist, dass Christus an unserer Stelle gestorben ist.

Muslime wenden in der Tat ein, dass es für Jesus, der sündlos war, unmoralisch gewesen wäre, für andere zu leiden. Vielleicht wäre das relevant, wenn Jesus *gezwungen* worden wäre, so zu leiden, aber er litt freiwillig. Seine Entscheidung war von Liebe motiviert, eine Liebe, die gewiss mit Gottes Willen übereinstimmte.

Weit davon entfernt, die Schwachheit Jesu zu zeigen, beweist die Kreuzigung und die darauf folgende Auferstehung, dass Jesus über Sünde und Tod gesiegt hat. Das Kreuz ist kein Zusatz zum christlichen Glauben, sondern ist seine Mitte. Denn dort, außerhalb der Stadtmauern, hing Christus entblößt als Sündenträger für die Menschen, die glauben. Alle anderen Versuche, Gott zu erreichen, verkleinern das Wunder dieses Geschehens. Ohne Kreuz keine Krone.

Im Islam ist die Gewissheit über die Errettung unerreichbar, denn letztendlich handelt Allah mit jedem Menschen nach seinem Willen. Im Koran sagt Mohammed selbst, dass er sich seiner ewigen Errettung nicht sicher sei. Nur indem man in einem Dschihad stirbt, erlangt man die Garantie für eine sofortige Aufnahme ins Paradies.

Im Gegensatz dazu ist die christliche Erlösung ein Geschenk, das uns durch das Opfer und den Sieg Jesu zur Verfügung gestellt wird. Durch Jesus ist uns die Sicherheit des ewigen Lebens garantiert, denn es geht nicht darum, wie groß unsere Sünde ist, sondern darum, wie groß sein Opfer ist. Als John Ashcroft Justizminister der Vereinigten Staaten war, wurde er einmal nach dem Unterschied zwischen Islam und Christentum gefragt. Er antwortete: »Islam ist eine Religion, in der Allah fordert, dass du deinen Sohn schickst, um für ihn zu sterben. Christentum ist der Glaube, in dem Gott seinen Sohn geschickt hat, um für dich zu sterben.«[18] Und dieses Geschenk kann jeder erhalten, der Christus als seinen Retter annimmt (Joh 1,12).

Es gibt eine afrikanische Geschichte, in der ein Feuer in einer Hütte ausbrach, sich schnell ausbreitete und eine ganze Familie umbrachte. Doch ein Fremder rannte in das brennende Haus und rettete einen kleinen Jungen aus den Flammen und brachte ihn in Sicherheit, ehe er in der Dunkelheit verschwand. Am nächsten Tag versammelte sich der Stamm, um zu entscheiden was mit dem Jungen geschehen sollte. Sie nahmen in ihrem Aberglauben an, dass dieser Junge etwas Besonderes sein musste, weil er das Feuer überlebt hatte. Ein Bewohner des Dorfes, der für seine Weisheit bekannt war, bestand darauf, dass er den Jungen adoptieren wolle, ein anderer hingegen, der für seinen Reichtum bekannt war, meinte, er wäre dafür der Geeignetste.

Während man diskutierte, trat ein unbekannter junger Mann in die Mitte des Kreises und bestand darauf, dass er das größte Anrecht auf den Jungen habe. Dann zeigte er ihnen seine Hände, die von dem Feuer der letzten Nacht noch frische Brandwunden aufwiesen. Er war der Retter, und deshalb bestand er darauf, dass der Junge rechtmäßig ihm gehöre.

Die anderen Götter waren stark, aber du warst schwach,
Sie schritten zum Thron, aber du stolpertest dorthin.
Denn zu unseren Wunden können nur
Gottes Wunden sprechen.
Doch kein Gott hat Wunden, als nur du allein.[19]

Die menschliche Gesellschaft unter Dach und Fach

Laut der muslimischen Theologie wird Jesus auf die Erde zurück-kehren, um gegen den Antichristen zu kämpfen und ihn zu überwinden. Dann wird er ein Reich des Friedens errichten. Zu dieser Zeit wird sich jeder zum Islam bekehren, und das islamische Gesetz wird bei allen Völkern der Erde eingeführt. Juden und Christen werden an Jesus glauben, wie es die Muslime tun. Juden werden ihn als Propheten sehen, und Christen werden erkennen, dass er nicht der Sohn Gottes ist. Jesus wird alle Kreuze zerstören, und das wird die Christen erkennen lassen, dass Jesus nicht gekreuzigt wurde. Wenn seine Mission erfüllt ist, wird er eines natürlichen Todes sterben und in Medina neben Mohammed begraben werden.[20]

Das steht im scharfen Kontrast zu dem endgültigen Sieg Jesu, wie er im Neuen Testament dargestellt wird, wo wir gelehrt werden, dass er wegen seiner Erniedrigung vom Vater erhöht worden ist:

> »Er erniedrigte sich selbst und wurde gehorsam bis zum Tod, ja, zum Tod am Kreuz. Darum hat Gott ihn auch hoch erhoben und ihm den Namen verliehen, der über jeden Namen ist, damit in dem Namen Jesu jedes Knie sich beuge, der Himmlischen und Irdischen und Unterirdischen, und jede Zunge bekenne, dass Jesus Christus Herr ist, zur Ehre Gottes, des Vaters« (Phil 2,8-11).

So wird sich letztendlich Mohammed mit allen anderen religiösen Führern beugen und bekennen, dass Jesus Christus Herr ist, zur Ehre Gottes, des Vaters. Glücklicherweise ist Jesus nicht nur ein

König, sondern auch ein Retter, der uns mit dem Vater versöhnen kann.

Muslime ehren Jesus nicht mehr als die Christen. Die Christen sehen die Kreuzigung als den atemberaubendsten Ausdruck der Liebe Gottes, als er um unseretwillen eingriff und erreichte, was wir nicht erreichen konnten.

> *»Denn so hat Gott die Welt geliebt, dass er seinen eingeborenen Sohn gab, damit jeder, der an ihn glaubt, nicht verloren geht, sondern ewiges Leben hat«* (Joh 3,16).

Judas hat Jesus einen Gefallen getan

> »*Doch du wirst sie* (die Jünger) *alle übertreffen; denn du wirst den Menschen opfern, der mich kleidet.*«
> Jesus, nach dem Judasevangelium (Übers. Angermüller und Bettin)

Sein Name war Judas, die griechische Übersetzung des Hebräischen *Judah*, was so viel wie »Lobpreis« bedeutet. Es war der Name eines großen Vorläufers und voll prophetischer Hoffnung (1Mo 49,8-12). Sein Nachname lautete Iskariot, was wahrscheinlich darauf hindeutete, dass er aus Keriot, einem Dorf im südlichen Juda stammte, das für seinen Obstanbau bekannt war. Was immer Iskariot bedeutet, es sollte ihn von dem anderen Judas unterscheiden, der ebenfalls ein Jünger Jesu war (Lk 6,16; Joh 14,22; Apg 1,13).

Wir sollten nicht vergessen, dass uns das biblische Bild einen Judas vorstellt, der sein Leben als Baby in den Armen seiner Mutter begann und ihr Herz sicherlich zu kühnen Träumen anregte. Irgendwann war er einmal ein Teenager gewesen und wahrscheinlich voller Idealismus, Fantasie, Hoffnungen und den Träumen der Jugend.

Man stelle sich die Freude in dieser jüdischen Familie vor, als Judas als Jünger Jesu Christi erwählt wurde, der strahlenden neuen Hoffnung Israels. Judas gehörte nun zur Elite, zu den wenigen Privilegierten (Mt 10,4; Mk 3,19; Lk 6,16). Niemand hätte an diesem freudigen Tag die Verzweiflung und die Schwermut vorhersagen können, die sich für immer mit dem Namen Judas verbinden sollte – niemand, d. h. niemand außer dem Einen, der ihn erwählte (Joh 3,11).

Judas lebte mit Jesus, und zwar hautnah und persönlich. Er hat vielleicht gedacht: *»Jetzt werde ich endlich meine Hoffnungen und Träume verwirklichen können. Was für eine Gelegenheit! Was werden die Kinder, mit denen ich damals gespielt habe, jetzt denken?«* Seine Zukunft wurde mit jedem Tag strahlender und heller. Der Hoffnung war scheinbar keine Grenze mehr gesetzt.

Wer war Judas?

Aber wer war dieser Mann? Mit Dante haben die meisten Menschen Judas schon lange zusammen mit Satan in den tiefsten, kältesten Regionen der Hölle festgekettet.[1] Von Shakespeares *Verlorene Liebesmüh* und *Heinrich VI* bis Bob Dylans *With God on Our Side* (Mit Gott auf unserer Seite) wurde der Name Judas schon seit langem als Synonym für »Verräter« benutzt. Könnte es jedoch sein, dass wir ihn falsch verstanden haben? Was, wenn Judas nicht der Verräter Jesu war, sondern ironischerweise sein wirklicher Vertrauter und heimlicher Mitarbeiter, dem eine geheime Mission anvertraut war?

Mehrere Bücher – sowohl in den populären Medien als auch in Publikationen von Gelehrten – haben versucht, Judas aus Dantes Ketten zu befreien. William Klassen hat ein Buch geschrieben, das nahelegt, dass Judas weder als Teufel noch als Heiliger gehandelt habe, sondern eher als neutraler Beobachter.[2] Klassen betont, dass Judas Jesus nicht verraten, sondern ihn nur den passenden jüdischen Behörden »übergeben« hat, um seinen Anspruch zu unterstützen. Judas fiel es schwer, den Verlauf des

Dienstes Jesu zu verstehen. Anders als die anderen Jünger jedoch dachte Judas, er könne bei diesem Missverständnisses Abhilfe schaffen – er würde Jesus helfen und seine politische Herrschaft vorantreiben, wenn er ihn den jüdischen Behörden auslieferte. Schließlich konnten die heidnischen Herrscher niemals den Messias Israels besiegen! Klassen argumentiert, dass das griechische Wort *paradidomi*, das in den Evangelien mit »verraten« übersetzt wird, einfach bedeutet, etwas oder jemanden zu übergeben – eine Vorstellung, die sehr neutral ist. Paulus gebrauchte dasselbe Wort, als er sagte: »*Denn ich habe von dem Herrn empfangen, was ich auch euch überliefert habe*« (1Kor 11,23).

Aber es gibt Probleme mit dieser freundlich-neutralen Auslegung der Vorgehensweise des Judas. Im Evangelium nach Lukas wird Judas als Letzter in der Jüngerliste aufgezählt, und zwar mit dem bedeutungsschweren Kommentar: »*Judas Iskariot, der zum Verräter wurde*« (Lk 6,16). Außerdem wird über Satan gesagt, dass er hinter der Übergabe Jesu steckte (Joh 13,2). Wie James M. Robinson, Herausgeber der *Nag Hamadi Library* (Die Nag Hamadi Bibliothek), geschrieben hat: »Es ist sehr schwierig in die kanonischen Evangelien hineinzuinterpretieren, dass sie auf Judas' Seite stehen würden.«[3] Judas wird schließlich »*Sohn des Verderbens*« genannt (Joh 17,12), dieselbe Sprache, wie sie für den »*Menschen der Gesetzlosigkeit*« in 2. Thessalonicher 2,3 benutzt wird (man vergleiche auch Offenbarung 17,8). Man beachte, dass damit Judas und der Antichrist auf die gleiche Weise beschrieben werden.

Judas hat Jesus also nicht einfach auf neutrale, unbeteiligte Weise übergeben, damit Jesus von den Verantwortlichen des Volkes begutachtet werden konnte. Nachdem die Tat geschehen war, ging Judas voller Reue zurück zu den Hohenpriestern und versuchte, das Blutgeld zurückzugeben. Was er sagt, ist lehrreich: »*Ich habe gesündigt, denn ich habe schuldloses Blut überliefert*« (Mt 27,3-4). Wenn Judas Jesus nur in einem oberflächlichen Schachzug überliefert hätte, warum hätte er dann eine Sünde bekennen sollen? Nein, nein, Judas hatte seinen lieben Freund verraten, und er wusste es.

Wie sollen wir dann die Motive von Judas beurteilen? Auf einer gewissen Ebene gehören die Motive des Judas für den Verrat der Vergangenheit an. Wir werden nie wirklich wissen, was er gedacht haben mag. Was könnte jemanden, der Jesus so nahe stand, dazu gebracht haben, ihn so schändlich zu verraten? Rache? Fehlgeleiteter Idealismus? Geld? Der Wunsch, Jesus endlich zum Handeln zu zwingen und das Reich Gottes herbeizuführen? Wir können es nicht sicher wissen.

Hier kommt das Johannesevangelium ins Spiel

Die kürzliche Entdeckung des Judasevangeliums und seine populäre Verbreitung durch die *National Geographic Society* (Nationale Geographische Gesellschaft) genau zu Ostern 2006, hat in den Worten des Kolumnisten E. J. Dionne Jr. »der alten heiligen Geschichte eine neue dramatische Wende« gegeben.[4] Einige haben gesagt, dass es sich um einen der wichtigsten archäologischen Funde des 20. Jahrhunderts gehandelt habe, das die Entdeckung der Rollen vom Toten Meer und der gnostischen Evangelien von Nag Hammadi in den Schatten stellt. Andere sagen, es verändere das Bild von Judas von einem Schurken zu einem Helden. Und es würde auch unsere Sicht von Jesus verändern – er ist nicht der Sohn Gottes, der Fleisch geworden ist (Joh 1,14), sondern ein ganz anderes Wesen – ein *aeon* oder eine

Ausstrahlung, die gemeinsam das höchste Wesen bildet, die aus dem oberen Reich gesandt wurde, und die nur *scheinbar* im menschlichen Fleisch erschien, um die geheimen Wahrheiten der Erlösung zu lehren. Es ist ein lachender Jesus, der die Eucharistie verhöhnte, und an mehr als einen Gott glaubte.

Nach dem *Judasevangelium* hat Judas Jesus den Behörden ausgeliefert, weil Jesus wollte, dass er es tat, und weil Jesus der materiellen Welt entfliehen wollte. Jesus wollte seinen eigenen Tod herbeiführen, und Judas tat ihm den Gefallen, indem er den Prozess beschleunigte.

Welche Behauptungen werden im *Judasevangelium* aufgestellt? Hier sind einige Zitate, die Ihnen eine Zusammenfassung seiner Lehre geben:

»Der geheime Bericht von der Offenbarung, in dem Jesus mit Judas Iskarioth gesprochen hat an acht Tagen, drei Tage, bevor er das Pascha gefeiert hat.«[5]

»Er (Jesus) fing an, mit ihnen über die überweltlichen Geheimniss zu sprechen sowie über die Dinge, die am Ende geschehen werden. Oftmals aber offenbarte er sich seinen Jüngern nicht selbst, sondern als Kind fand man ihn in ihrer Mitte.«[6]

»Eines Tages war er in Judäa bei seinen Jüngern, und er fand sie, wie sie versammelt dasaßen und sich in der Frömmigkeit übten. Als er seinen Jüngern begegnete, wie sie versammelt dasaßen und Dank sagten über dem Brot, lachte er. Die Jünger aber sprachen zu ihm: ›Meister, warum lachst du über unsere Danksagung?‹ ... Er antwortete und sprach zu ihnen: ›Über euch lache ich nicht.

Ihr tut dies ja nicht aus eurem eigenen Willen, sondern weil dadurch euer Gott gepriesen wird.‹ … Als er ihr Unverständnis sah, sprach er zu ihnen: ›… Wer von euch stark genug ist von den Menschen, der soll den vollkommenen Menschen auftreten lassen und sich vor mein Angesicht stellen.‹ Und sie sagten alle: ›Wir sind stark genug.‹ Ihr Geist aber konnte es nicht wagen, vor seinen Augen aufzustehen, bis auf Judas Iskarioth.«[7]

»Jesus antwortete und sprach (zu Judas): ›Du wirst der Dreizehnte sein, und du wirst verflucht sein von den anderen Geschlechtern, und du wirst zur Herrschaft über sie kommen. In den letzten Tagen werden sie deinen Aufstieg zu dem heiligen Geschlecht verfluchen.‹«[8]

»Jesus sagt (zu Judas): ›Komm, damit ich dich belehre über die Geheimnisse, die noch kein Mensch gesehen hat.‹«[9]

»Du wirst den Menschen opfern, der mich kleidet.«[10]

Diese letzte Aussage gehört zum Herzstück des *Judasevangeliums*. Jesu Leib verhüllte sein wahres Wesen, nämlich seinen Geist. Folglich musste der Leib geopfert werden, um die Seele zu befreien. Indem Jesus den Behörden verraten wurde, hat Judas ihm geholfen, zu der Freiheit zu gelangen, die seinem Geist nach der Kreuzigung zukommen sollte. Judas tat Jesus einen Gefallen.

Die Lehres des Judas-Dokumentes

Das Judasevangelium ist Teil einer größeren Sammlung gnostischer Schriften, die in den letzten Jahren große Aufmerksamkeit auf sich gezogen haben, insbesondere seit dem Erfolg des Buches *Sakrileg*. Gnostizismus, abgeleitet vom griechischen Wort *gnosis* oder »Erkenntnis«, bezeichnet die Lehren derer, die glaubten, dass sie verborgenes Wissen hätten. Gnostizismus war der Versuch, griechische Philosophie in Übereinstimmung mit dem Neuen Testament zu bringen.

Deshalb lehrt das *Judasevangelium* als Teil dieser Literatur Folgendes:

Erstens gibt es viele verschiedene Götter. Ja, Jesus lachte wirklich, weil die Jünger zu »ihrem Gott« beteten, aber er gehörte schließlich zu einem anderen Gott. Die Gnostiker konnten sich nicht über die Zahl der Götter einigen, aber sie lag irgendwo zwischen zwei und dreißig.

Zweitens sagt Jesus an einem Punkt in Übereinstimmung mit der griechischen Philosophie: »Dein Stern hat dich getäuscht, Judas.«[11] Wieder lacht Jesus und erklärt: »Ich lache nicht über euch, sondern über die Verirrung der Sterne, denn diese sechs Sterne irren mit diesen fünf Kämpfern umher, und sie alle werden zugrundegehen mit ihren Geschöpfen.«[12]

Diese Wandelsterne sind wahrscheinlich die fünf Planeten mit dem Mond. Nach antiker astronomischer Theorie können solche Wandelsterne unser Leben beeinflussen.

Drittens ist dieses Lachen Jesu nicht göttlich, außer in dem Sinne, dass wir alle göttlich sind. Wir sind gefangene Gottheiten, die darauf warten, in unsere ferne Heimat zurückzukehren. Jesus, so glaubten einige Gnostiker, war ein Aeon aus dem höheren

Reich – er war kein Mensch aus Fleisch und Blut, sondern schien nur menschlich zu sein.[13]

Viertens glaubten die Griechen, entsprechend verschiedener Formen platonischen Gedankengutes, dass die Materie böse und der Geist gut sei. Mit dieser Aussage im Hinterkopf sollte man den folgenden Text kritisch lesen: »Jesus sagt zu Judas: Aber du wirst sie alle übertreffen. Denn du wirst den Menschen opfern, der mich kleidet.«[14] Lassen Sie mich noch einmal sagen, dass die Vorstellung hier die ist, dass Jesu Leib den echten Jesus nur bekleidete, den Geist, der sich danach sehnte, zu Gott (oder den Göttern) zurückzukehren.

Fünftens gibt es mit inbegriffen sowohl eine Leugnung der leiblichen Auferstehung als auch des Auftrags der Gemeinde. Wie schon betont, wird der Tod Jesu durch die Hilfe von Judas als Befreiung der geistlichen Person in ihm gesehen. Der Höhepunkt des Judas-Dokumentes ist natürlich der Verrat und die bevorstehende Kreuzigung Jesu – die große Erlösung von und das Entkommen aus dieser Welt.

Diese Welt ist für den Gnostiker ein Gefängnis, und warum sollte Jesus auferstehen und ins Gefängnis zurückkehren wollen? Und warum sollte die Gemeinde irgendeine Form von Mission betreiben? Wenn diese Welt nur eine Senkgrube voll Schmerz und Leiden ist, dann besteht unsere einzige Hoffnung darin, sie zu verlassen. Die Vision des Christentums nach dem *Judasevangelium* steht deshalb im Konflikt mit der des biblischen Christentums.

Die gnostischen Lehren enthalten keine zusammenhängende Theologie. Sie widersprechen einander in großen und kleinen Dingen. Sie sind sich noch nicht einmal einig, wie viele Götter es gibt. Sie können es sich leisten, einander zu widersprechen, weil sie einfach tiefgründige menschliche Gedanken sind, für die Vernunft und Zusammenhang nicht wichtig sind.

Eine Beurteilung des Judas-Dokumentes

Was sollen wir dann von dem historischen Judas halten? Sollten wir unsere Beurteilung über ihn revidieren angesichts des Lichts, das die kürzlich vorgelegten Theorien des *Judasevangeliums* und solcher Theologen wie Klassen auf die Angelegenheit werfen? Was sollten wir mit dem Judas-Dokument anfangen? Präsentiert es glaubhafte Geschichte, oder ist es nur noch ein weiterer Schwindel? Sollte es unsere Ansicht über Judas ändern? Nein, ich denke nicht.

Hier haben wir ein Beispiel für historischen Subjektivismus, der auf die äußerste Spitze getrieben wurde. Das *Judasevangelium* wird dargestellt, als ob es auf der gleichen Ebene stehen würde wie die biblischen Berichte. Doch wurde das *Judasevangelium* über hundert Jahre später geschrieben, nachdem der historische Jesus und Judas in Judäa lebten. Es handelt sich um einen fiktiven Bericht. Wie Dr. Craig Evans während der Sondersendung der *National Geographic Society* im Fernsehen sagte: Das *Judasevangelium* »enthält keine authentischen Aussprüche Jesu«. Während einer Predigt am 13. April 2006 sagte Dr. N. T. Wright, Bischof von Durham und eine Kapazität auf dem Gebiet der historischen Jesus-Forschung: »Dieses Dokument ist historisch wertlos.«[15]

Nebenbei sollten wir ein allgemeines Missverständnis zur Kenntnis nehmen: Die Medien haben munter behauptet, dass das *Judasevangelium* ein authentisches Dokument sei. Aber damit meinen sie, dass es nicht gefälscht war, und wahrscheinlich auf das späte zweite Jahrhundert nach Christus zurückgeht. Das macht es authentisch, aber es bedeutet nicht, dass die Ereignisse, die in dem Dokument beschrieben werden, *historisch* authentisch wären.

Das *Judasevangelium* war Irenäus bekannt, als er sein Buch *Adversus Haereses* (Gegen die Häresien) etwa um das Jahr 180 geschrieben hat. Dort sagt er, dass das Dokument Judas als den einen beschreibt, »der allein die Wahrheit kannte wie kein anderer, und der das Geheimnis des Verrats ausführte. Durch ihn wurden sowohl die irdischen als auch die himmlischen Dinge durcheinandergebracht. Als Folge davon schrieben sie ein Werk, das sie *Judasevangelium* nennen.«[16]

Man erinnere sich daran, dass die Gnostiker, die dieses Dokument schrieben, keine historische oder theologische Beziehung zum Alten Testament oder zu den Büchern haben, aus denen unser Neues Testament besteht. Die Gnostiker lagen im Krieg mit dem Gott des Alten Testamentes, dem Schöpfer. Sie glaubten, dass der Gott des Alten Testamentes nicht verehrt werden sollte, sondern dass er ein unwissender Schöpfer war, der die Welt erschaffen hat, aus der wir fliehen müssen. Die Helden vieler Gnostiker waren diejenigen, die Gott entgegenstanden (Kain, die Männer von Sodom und Gomorrha), es waren diejenigen, die die Wahrheit sahen und das Geheimnis verstanden, das zur Erlösung notwendig war. Die Gnostiker verunglimpften den Schöpfer des Alten Testamentes, den sie als blutigen Rebellen und als Toren darstellten. Ist es ein Wunder, dass sie Judas zu einem ihrer Helden machten?

Warum also die Aufregung um dieses Dokument, das selbst der frühen Gemeinde als Fälschung bekannt war? Dr. James M. Robinson ist einer der führenden Experten Amerikas auf dem Gebiet alter religiöser Texte. In seinem Buch *The Secrets of Judas* (Die Geheimnisse des Judas) schreibt er:

»Das *Judasevangelium*, ein lange verlorener fiktiver Bericht, der Judas einen Heldenstatus verleiht, ist wiederentdeckt worden! Aber es ist bisher unter Verschluss gehalten worden, um den finanziellen Gewinn der Schweizer Eigentümer zu maximieren. Das große Exposé wurde von der *National Geographic Society* medienwirksam in Szene gesetzt, und zwar zeitlich so, dass es die größte Wirkung haben muss, nämlich zu Ostern. Diejenigen, die damit zu tun hatten, sind (sicherlich für mehr als 30 Silberlinge) gekauft worden und mussten auf einem Stapel Bibeln Verschwiegenheit geloben – oder auf einem Stapel Papyrusblätter.«[17]

Robinson sagt weiter: »Was in diesem Unternehmen vor sich gegangen ist, um Geld zu machen, ist keine schöne Geschichte … und Sie haben ein Recht zu wissen, was vor sich gegangen ist.«[18]

Noch einmal die neutestamentlichen Berichte

Das Judas-Dokument wirft eine theologische Frage auf, die wir diskutieren müssen. Sie betrifft auch die Menschen unter uns, die dem neutestamentlichen Bericht glauben. Kurz zusammengefasst geht es darum: Wie konnte Judas beschuldigt werden, Jesus verraten zu haben, wo Jesus doch sowieso mit der Absicht nach Jerusalem ging, um am Kreuz zu sterben (Mt 20,19; 26,2)? In den traditionellen Evangelien sagt Jesus: »*Was du tust, tu schnell*« (Joh 13,27). Erklärt das Judas-Dokument nicht diesen Ausspruch Jesu, indem es behauptet, dass Jesus *wollte*, dass Judas ihn verriet, damit er seine eigene Befreiung, die Befreiung vom Fleisch vollenden konnte? Anders gefragt: Wie kann Judas für den Tod Jesu verantwortlich sein, wenn es Gottes Plan war, dass Jesus an die damaligen Amtsträger verraten wurde?

Bitte haben Sie Geduld mit mir, wenn ich Ihnen zunächst den Charakter von Judas näher vorstelle und dann erst auf dieses Dilemma eingehe.

Trotz allem, was für Judas sprach, und trotz seines großen Potentials, hatte er einige verborgene Fehler. Diese waren für den Rest der Jünger nicht offensichtlich, aber sie wurden schließlich an die Oberfläche gebracht, als seine wahren Absichten deutlich wurden.

Als Jesus die Füße der Jünger wusch, da wusch er sicherlich auch Judas die Füße (Joh 13,5-12). Obwohl also seine Füße so rein waren wie die der anderen Jünger, blieb sein Herz verhärtet und beschmutzt. Die Füße, die Jesus wusch, waren schon vorher zum Hohenpriester gegangen, um herauszufinden, was Jesus wert war!

Judas war auch habgierig. In Johannes 12,1-11 finden wir die Geschichte von Maria, Martha und Lazarus, bei denen Jesus zu Gast ist. Maria kam mit einer Flasche reiner Narde, einem teuren Salböl. Sie goss es über die Füße Jesu, reinigte diese mit ihren Haaren, und der Wohlgeruch erfüllte das ganze Haus. Doch Judas war nicht gerade erbaut über diesen Ausdruck des Dankes. Für ihn schien es eine Verschwendung zu sein, deshalb fragte er pragmatisch: *»Warum ist dieses Salböl nicht für dreihundert Denare verkauft und den Armen gegeben worden?«* (Joh 12,5).

Lassen Sie sich nicht die Meinung aufschwatzen, dass Judas ein großes Herz für die Bedürftigen gehabt hätte. Wir lesen: *»Er sagte dies aber nicht, weil er für die Armen besorgt war, sondern weil er ein Dieb war«* (Joh 12,6). Judas war ein geschickter Heuchler. Lukas berichtet, dass der Apostel Petrus bei einer Versammlung der Jünger nach der Auferstehung berichtete, dass Judas an ihrem Dienst teilgehabt habe. Offensichtlich hatte er auch alle Gaben, Fähigkeiten und die Vollmacht, die den anderen Jüngern gegeben worden war. Als sie Dämonen austrieben, trieb auch Judas Dämonen aus. Als sie die Kranken heilten, heilte auch Judas die Kranken. Wenn sie die Botschaft predigten, predigte auch Judas die Botschaft, und die Jünger vermuteten nie, dass etwas nicht stimmen könnte – sie machten ihn sogar zum Schatzmeister! Er schien ein verlässlicher Mensch zu sein. Aber als Schatzmeister stahl er von dem, was für den Unterhalt Jesu und seiner Jünger gespendet worden war. Unter dem Deckmantel der Religion zeigte er einige der niederträchtigsten Motive. Er lebte eine Lüge.

Judas war offensichtlich verwirrt und verärgert über Jesu mangelnde politische Kraft. Er hatte nicht die Augen des Glaubens, die Jesu messianische Mission erkennen konnten. Er wurde mehr und mehr zum Doppelagenten, der ständig an allem teilhatte, was Jesus tat. Obwohl die Jünger Judas vertrauten, tat Jesus es nicht. Er kannte jede Einzelheit im Herzen von Judas.

Nach ihrem Brauch hatte sich die Gruppe zum Passahfest versammelt. Als sie sich zu Tische legten, sagte Jesus, der im Geist betrübt war, zu ihnen: »*Einer unter euch wird mich verraten*« (Mt 26,21, LU84). Man muss den Jüngern ewig zugute halten, dass sie auf niemanden mit Fingern zeigten und sagten: »Ich glaube, ich weiß, wer es ist!« Nein, sie verdächtigten einander nicht, sondern fragten einfach: »*Ich bin es doch nicht, Herr?*« Matthäus offenbart, dass sogar Judas die Frage mit den anderen stellte: »*Ich bin es doch nicht, Rabbi?*« (Mt 26,25). Er entschloss sich, das Spiel mitzuspielen. Sie waren ehrlich, aber er nicht. Er war aalglatt.

Sie können darauf zählen, dass Petrus sehr gerne wissen

wollte, wer der Schuldige war. Deshalb flüsterte er Johannes möglicherweise über den Tisch zu: »*Frag du ihn, wen er meint*« (Joh 13,24, Hfa). Johannes tat das, und Jesus flüsterte Johannes zu, so dass es offensichtlich niemand anders hörte: »*Der ist es, für den ich den Bissen eintauchen und ihm geben werde*« (Joh 13,26).

Es gab den Brauch, dass der Gastgeber ein Stück Lammfleisch in einem Stück Brot in die Soße tauchte und es der Person zu seiner Linken, dem Ehrengast gab. Bei diesem Fest war Judas der Ehrengast. Als Jesus deshalb den Happen aus Hammel und Brot in die Soße tauchte und ihn Judas gab, der wahrscheinlich links von ihm saß, auf dem Ehrenplatz, sagte er praktisch zu ihm: »Judas, willst du das wirklich durchziehen? Das ist deine letzte Gelegenheit, aus dem Geschäft auszusteigen. Ich ehre dich jetzt und akzeptiere dich vor den Jüngern.«

Judas ist wahrscheinlich nicht einmal rot geworden. Er saß still, unbeeindruckt. Wir lesen: »*Und nach dem Bissen fuhr dann der Satan in ihn*« (Joh 13,27). Bitte beachten sie nebenbei, dass es Satan möglich ist, von einer Person Besitz zu ergreifen, ohne dazu eingeladen zu sein. Sie müssen nur ihr Herz vor Jesus verhärten und sich entscheiden, Satans Arbeit zu tun.

Jesus antwortete: »*Was du tust, tu schnell*« (Joh 13,27). Hier haben wir unser theologisches Rätsel – handelte es sich nun um einen Auftrag, oder war es nur eine Erlaubnis? Es war im Wesentlichen dasselbe, was Jesus später zu Judas in Gethsemane sagte: »*Freund, tu das, wozu du hergekommen bist*« (Mt 26,50; Menge).

Hat Judas einfach Jesus gehorcht, oder hat er auf eigene Rechnung gehandelt? Und weiter, warum sollte Judas schuld sein, wenn es doch Jesu Absicht war, verraten und gekreuzigt zu werden?

Wörtlich lautet die Aussage aus Johannes 13,27: »*Was du tust, das tue schneller.«* Hier zeigt sich, dass Jesus die Kontrolle über die Ereignisse hatte, und nicht das Opfer von Vorgängen war, die jenseits seines Einflusses lagen.

> *»Ich bin der gute Hirte; der gute Hirte lässt sein Leben für die Schafe ... wie der Vater mich kennt und ich den Vater kenne; und ich lasse mein Leben für die Schafe. Und ich habe andere Schafe, die nicht aus diesem Hof sind; auch diese muss ich bringen, und sie werden meine Stimme hören, und es wird eine Herde, ein Hirte sein. Darum liebt mich der Vater, weil ich mein Leben lasse, um es wiederzunehmen. Niemand nimmt es von mir, sondern ich lasse es von mir selbst. Ich habe Vollmacht, es zu lassen, und habe Vollmacht, es wiederzunehmen. Dieses Gebot habe ich von meinem Vater empfangen«* (Joh 10,11.15-18).

Er wusste genau, was geschehen würde und wie die Ereignisse sich entwickelten. Die Stunde des Verrats wurde nicht vom Sanhedrin oder von Judas festgelegt. Und Judas arbeitete schneller, weil er wahrscheinlich wusste, dass er enttarnt worden war, und vielleicht Angst hatte, dass der Plan aufgedeckt werden würde, wenn er nicht schnell genug handelte.

Deshalb forderte Jesus Judas nur auf, das zu tun, was er schon plante – nämlich den Sohn Gottes zu verraten. Jesus gab ihm die Erlaubnis zum Handeln, und sogar zum schnelleren Handeln. Ja, es war vorausgesagt worden, dass Judas Jesus verraten würde, denn in der Bibel *wird Gott immer so dargestellt, dass er die zukünftigen Taten der Bösen sowohl kennt als auch plant.*

Was sollen wir zum Beispiel von denen denken, die Jesus gekreuzigt haben? Sollten wir *auch sie* ehren, weil sie taten, was vorhergesagt worden war und sich deshalb gewiss ereignen würde?

Sie trugen schließlich auch zum Tod Jesu bei, der von Gottes Standpunkt aus unbedingt notwendig war. Doch in der Bibel sind diejenigen schuldig, die Böses tun, auch wenn sie damit den vorherbestimmten Willen Gottes erfüllen.

> »Diesen Mann, der nach dem bestimmten Ratschluss und nach Vorkenntnis Gottes hingegeben worden ist, habt ihr durch die Hand von Gesetzlosen an das Kreuz geschlagen und umgebracht« (Apg 2,23).

Bitte beachten Sie: Die Männer, die den vorherbestimmten Willen Gottes tun, werden als »Gesetzlose« oder »Ungerechte« (Lu 1998) bezeichnet! Wir müssen ehrlicherweise zugeben, dass wir nicht genau verstehen können, wie Gottes vorherbestimmter Plan und die menschliche Verantwortlichkeit gleichzeitig nebeneinander bestehen können, aber sie tun es. Das Dilemma des Judas, der Jesus half, seinen Plan auszuführen – nämlich zu sterben – und der doch dabei schuldig bleibt, findet sich in der gesamten Heiligen Schrift. Ganz gleich, wie sehr wir versuchen, Judas zu rechtfertigen, die Bibel befindet ihn einheitlich für schuldig und zur ewigen Verdammnis verurteilt. *Dante hatte Recht.*

Bitte missverstehen Sie mich nicht – wir tun Gott niemals einen Gefallen, wenn wir etwas Böses tun, auch wenn Gottes Wille damit erfüllt wird. Satan drang in Judas ein, um sicherzustellen, dass die Tat verwirklicht würde. Dann lesen wir: »*Als nun jener den Bissen genommen hatte, ging er sogleich hinaus. Es war aber Nacht*« (Joh 13,30). Die Dunkelheit der Nacht entsprach der Finsternis in seinem Herzen.

Die Tempelwache, von Judas geführt, erschien. Judas umarmte

Jesus unter Vortäuschung seiner Liebe – der berühmte verhängnisvolle Kuss, ein äußerliches Zeichen, um zu sagen: »Ich verehre dich.« Aber diese Tat gab der Tempelwache ein anderes Zeichen: Das ist der Mann, den ihr verhaften wollt. Ergreift ihn! Judas war so geschickt, dass er seinen großen Verrat noch als Loyalität erscheinen ließ. Aber durch den Verrat zeigte er, wem er wirklich loyal war – den Feinden Gottes.

Jesus antwortete mit seiner charakteristischen Sanftmut: »*Freund, tu das, wozu du hergekommen bist*« (Mt 26,50; Menge). Anscheinend war er nicht zornig, und natürlich war er nicht überrascht. Ein weiteres Puzzlestück hatte seinen Platz gefunden, als Jesus entschlossen auf das Kreuz zuging.

Als Judas sah, dass Jesus verurteilt worden war, erfüllten Gewissensbisse sein Herz. In einem vergeblichen Versuch, sein belastetes Gewissen zu beruhigen, warf er das Geld in den Tempel. Dann bekannte auch er die Wahrheit: »*Ich habe unschuldiges Blut verraten*« (Mt 27,4; Lu 84). Jesus hatte keinen einzigen Fehler, den Judas hätte finden können. Wenn irgendein Mensch verdiente, *nicht* zu sterben, dann war es sein Meister; und wenn irgendwer verdiente, zu leben und angebetet zu werden, dann war das ebenfalls sein Meister.

Als Judas zuschaute, wie Jesus zu Pilatus abgeführt wurde, dämmerte ihm langsam die Ungeheuerlichkeit seines Verrates. Er erkannte, dass die jüdischen Führer Jesus wirklich töten würden. Er wusste, dass Pilatus wahrscheinlich erlaubte, dass Jesus hingerichtet wurde, und nun, als er das ganze Ergebnis seiner Tat sah, bröckelte seine Fassade. Judas hatte genug Gefühl, um noch Gewissensbisse zu haben, aber nicht genug, um eine echte Umkehr zu erfahren.

Judas »bereute«, aber seine Reue war nicht von der Art, die

zum ewigen Leben führt. Es waren mehr Gewissensbisse als die Reue, die echte Vergebung sucht. Er wusste, dass er nie wieder gutmachen konnte, was er getan hatte; und das Bewusstsein, dass Jesus zum Tod verurteilt werden würde, führte zu Bedauern und Verzweiflung.

So war Judas in Erfüllung der Prophezeiung nicht bereit, sich auf Jesu Vergebung zu verlassen (1Jo 1,9), und beschloss stattdessen, seine Reue und Schuld selbst zu tragen. Reue ohne Jesus führt zu tiefster Hoffnungslosigkeit. Judas war so von Verzweiflung übermannt, dass er tat, was ca. 12.000 Deutsche jedes Jahr tun: Er beging Selbstmord. Vielleicht führte ihn sein verwirrter Geist zu der Meinung, dass er irgendwie für seine Sünde Sühnung schaffen könnte, wenn er von eigener Hand starb. Einige Juden glaubten, dass es eine Sühnetat sei, wenn man sich das Leben nimmt.

Es gibt zwei Tode, die in Matthäus 27 hervorgehoben werden: der des Judas und der Jesu. Beide starben, aber nur einer war schuldig. Jesus wurde sogar von seinem Verräter für unschuldig gehalten.

In den *Oberammergauer Passionsspielen 2000* sagte Judas:

»Wo geh ich hin, meine Schande zu verbergen, meine Qualen abzustreifen? Kein Ort ist finster genug. Kein Meer ist tief genug. Erde, tu dich auf und verschlinge mich! Ich kann nicht mehr sein. ... Kein Jünger mehr – überall verhasst – von allen Menschen verabscheut ... Diese Feuersglut in meinem Innern!

Alles flieht mich. Alles flucht mir. Einer – einer wäre noch, dessen Angesicht ich nochmal sehen möchte – an den ich mich klammern würde.

Weh mir! Für mich ist keine Hoffnung, keine Rettung mehr. Er ist tot, und ich bin sein Mörder. Unselige Stunde, in der mich meine Mutter zur Welt gebracht hat! … Komm, du Schlange, umstricke mich! Erwürge den Verräter!«[19]

Warum hat Jesus Judas erwählt? Vielleicht, weil gerade Judas für die gesamte Menschheit steht. Jesus wollte zukünftigen Generationen sagen: »So sieht das menschliche Herz aus. So ist der Mensch: Er kann nach außen hin gut aussehen, aber von innen ist er total verdorben.« Ich habe jemanden sagen hören, dass Christus Judas in den Apostelkreis aufnahm, damit es für seine Gemeinde keine Überraschung und keine Entmutigung ist, wenn irgendwann in der besten Gesellschaft die schlimmsten Skandale geschehen.

Judas entdeckte, dass das Tor zur Hölle neben dem zum Himmel liegt.

Über seinem Grab müssten wir die Worte Jesu schreiben: »*Es wäre jenem Menschen gut, wenn er nicht geboren wäre*« (Mt 26,24). *Judas hat Jesus keinen Gefallen getan!*

So sollten wir das Wort der Jünger aufnehmen und fragen: »*Ich bin es doch nicht, Herr?*«

Jesus war nur ein Mensch

>*Wir brauchen eine neue Geschichte ... eine Erzählung von Jesus, ein neues Evangelium, wenn Sie so wollen, das Jesus an eine andere Stelle des großen Planes, der epischen Geschichte platziert.*«
Robert W. Funk

Immer wenn ich ein Bild von Jesus auf der Titelseite von *Time* oder *Newsweek* sehe, nehme ich die Zeitung mit einem unguten Gefühl zur Hand. Ich weiß, dass Jesus seziert, analysiert und seiner Göttlichkeit beraubt werden wird. Der Mann aus Nazareth ist wie Ton in den Händen der Wissenschaftler, die darauf versessen sind, ihn nach ihren Vorstellungen und Vorlieben zu formen. Sie machen aus ihm einen Jesus ohne all das Außergewöhnliche an seiner Person – er ist dann sicherlich ein bemerkenswerter Mensch, aber eben nur ein Mensch. Er wird zum Gegenstand der Faszination, nicht der Anbetung. Und schlussendlich werden sie einen Jesus erfinden, der nicht in der Lage ist, unser Erretter zu sein, und noch weniger wert, dass wir ihn anbeten.

Thomas Jefferson, der dritte Präsident der Vereinigten Staaten, war nicht der Erste, der versuchte, Jesus seiner Glaubwürdigkeit zu berauben, aber er ist vielleicht der bekannteste. Erik Reece beschreibt in der Zeitschrift *Harper's*, wie er das anstellte:

>»Jefferson nahm ein Schere und bearbeitete damit vor zweihundert Jahren eine King-James-Bibel (Anm. d. Übers: Sie entspricht in den angelsächsischen Ländern unserer

Lutherbibel). Jefferson schnitt die Jungfrauengeburt heraus, alle Wunder – einschließlich des wichtigsten, der Auferstehung – und klebte dann zusammen, was übrig blieb. Er nannte es *Die Philosophie des Jesus von Nazareth* (fünfzehn Jahre später, als er sich in Monticello zur Ruhe setzte, erweiterte er den Text und fügte die französische, lateinische und griechische Übersetzung hinzu und nannte es *Leben und Moral des Jesus von Nazareth*). In einem Brief aus dem Jahr 1819 an William Short erinnerte sich Jefferson daran, dass die Schneidearbeit nur etwa zwei oder drei Abende in Anspruch genommen habe, nachdem er in Washington noch vorher seine abendliche Lektüre in Form der Tagespost und der Zeitungen erledigt hatte.«[1]

Indem er alle Ansprüche Jesu auf Göttlichkeit und all die Wunder entfernt hatte, die Jesus vollbrachte, um seine Göttlichkeit zu beweisen, rühmte sich Jefferson, dass er »die Diamanten aus dem Misthaufen« geborgen habe, um die Lehre Jesu zu enthüllen, wie sie wirklich war: »Die erhabenste und gütigste Morallehre, die je den Menschen angeboten wurde.«[2] Man kann sich kaum verkneifen, darauf hinzuweisen, dass Jeffersons mutmaßliche sexuelle Beziehung zu seiner Sklavin Sally Hemings der Prüfung dieses Jesus nicht standgehalten hätte, der uns »die erhabenste und gütigste Morallehre« gab.

Wie dem auch sei, Jefferson vollbrachte in wenigen Stunden, was heute durch neutestamentliche Wissenschaftler gemacht wird, die darauf aus sind, das Porträt Jesu im Neuen Testament umzugestalten. Diese Gelehrten des einundzwanzigsten Jahrhunderts sind nicht mit Schere und Klebstoff bewaffnet, sondern mit Computern und alten Manuskripten. Sie zerlegen Jesus, um jemanden zu schaffen, der kulturell relevant ist – ohne die Wunder und ohne den Anspruch auf Göttlichkeit. Wird Ihr Glaube erschüttert, wenn Sie lesen, dass sogar die Existenz Jesu fraglich ist? So schrieb z. B. Stephen Mitchell in seinem Buch *The Gospel According to Jesus* (Das Evangelium nach Jesus): »Wir können von keinem überlieferten Ausspruch sicher sein, dass er wirklich von Jesus stammt.«[3] Und die Zeitschrift *Time* zitiert Rudolf Bultmann, der gesagt hat, dass die Evangelienberichte so unzuverlässig sind, dass wir nichts Genaues über das Leben und die Person von Jesus sagen können.«[4]

Woher kommen diese Schlussfolgerungen?

Willkommen beim *Jesus-Seminar*

In diesem Kapitel werden wir die Behauptungen des *Jesus-Seminars* untersuchen, einer Gruppe von Wissenschaftlern, die von dem rührigen Robert Funk mit dem Ziel gegründet wurde, die authentischen Lehren und die Stimme Jesu herauszuarbeiten.

»Wir sind dabei, ein folgenschweres Unternehmen zu beginnen«, sagte Funk in seiner Eröffnungsansprache des Seminars 1985. »Wir werden einfach und rigoros nach der Stimme Jesu forschen, danach, was er wirklich gesagt hat.« Der Plan war simpel: Suche nach der authentischen Stimme Jesu, untersuche jede erreichbare Quelle, führe die historische Person Jesu aus dem akademischen Elfenbeinturm heraus und starte ein neues Projekt von Evangelien-Forschung und Kirche.[5]

Das Ziel des Seminars war es, Jesus zu retten und ihn aus dem »biblischen und experimentellen Gefängnis« zu befreien, »in das wir ihn geworfen haben.« Wie eine Truppe raubeiniger Ermittler versucht das Seminar, in das Gefängnis eines grausamen, machttrunkenen Wächters (der Kirche) einzudringen und den lange gefangengehaltenen Jesus zu befreien.

Die Methode, mit der das Seminar beim »echten Jesus« ankommen will, ist ziemlich demokratisch. Die Mitglieder gehen die Evangelien durch und geben eine Beurteilung über die Authentizität des jeweiligen Jesuszitates ab. Vier Stufen sind möglich:

Rot: »So spricht Jesus!«
Rosa: »Hört sich sehr nach Jesus an.«
Grau: »Vielleicht.«
Schwarz: »Das muss ein Fehler sein.«

In den kanonischen Evangelien erhielten gerade einmal 21 Aussprüche Jesu eine rote Markierung.[6] Das ist natürlich keine Überraschung angesichts der anfänglichen Annahme des Seminars, dass die Evangelien keine exakten historischen Berichte sind. Die Vorgehensweise dieser Wissenschaftler beinhaltet ein tiefes Vorurteil gegen die Authentizität der Evangelien und zieht außerkanonische Quellen wie das Thomasevangelium und andere gnostische Texte vor, die nur wenig abgesichert sind.

Die ausdrückliche Absicht dieser Gelehrten ist es, die Art und Weise zu verändern, wie die Menschen Jesus sehen. Sie sind damit an die Öffentlichkeit getreten, und große Zeitungen berichten regelmäßig über ihre Ergebnisse. Sie wollen die Bibel »von der religiösen Rechten« befreien und glauben, dass unsere Kultur eine neue Sicht von Jesus braucht: einen Jesus, der moderne Angelegenheiten wie Feminismus, Multikulti, Ökologie und politische Korrektheit anspricht. Das ist ein Jesus, der nach unserem Zeitgeist geformt wurde.

Offensichtlich ist der Jesus, bei dem sie ankommen, ganz anders als der, den wir in den Evangelien finden. Sie schließen daraus, dass Jesus etwa nur 18 Prozent dessen selbst gesagt hat, was ihm in den Evangelien zugeschrieben wird. Niemand war erstaunt, dass diese Gruppe gegen die Auferstehung Jesu und natürlich viele andere Wunder gestimmt hat. Nur politisch korrekte Worte und Taten blieben übrig.

Denken Sie daran, dass liberale Theologen seit Jahrhunderten versucht haben, den historischen Jesus (den bloßen Menschen) von dem zu trennen, was sie »Christus des Glaubens« nennen – d. h. vom Christus der Legenden und Mythen. Sie haben versucht, alle Wundertaten und Ansprüche in den Evangelien beiseite zu tun, um Jesus, den Menschen zu finden. Aber viele moderne Theologen geben zu, dass dieses Unternehmen ein riesiger Fehlschlag war. Sie sind zu so vielen verschiedenen »historischen Jesussen« gelangt, wie es Theologen gibt. Statt *eine* Biografie Jesu zu schreiben, hat letztlich jeder Theologe eine Autobiografie geschrieben! Das Leben Christi ist ein Spiegel, in dem jeder Theologe sein Spiegelbild erblickt – seine eigenen Zweifel, seine Sehnsüchte, seine Vorstellungen.

Diejenigen unter uns, welche die traditionelle Sicht von Jesus teilen, nämlich, dass er göttlich ist, haben von diesen subjektiven Spekulationen nichts zu fürchten. Tatsächlich stärken diese Theologen eher unseren Glauben, als dass sie ihn untergraben, wenn man sie richtig versteht. *Das Jesus-Seminar ist nur ein weiterer Grund zu glauben, dass Christus genau der ist, den die neutestamentlichen Autoren beschreiben!*

Die Ergebnisse des Seminars basieren auf mehreren Voraussetzungen, die das Ergebnis der Arbeit sicherstellen. Sie beginnen mit einem ziemlich deutlichen Bild davon, wer Jesus nach ihrer

Meinung sei, und dann stülpen sie den Texten dieses Bild über. Mit anderen Worten, sie fangen mit ihren Schlussfolgerungen an und finden dann Gründe, sie zu legitimieren.

Wir wollen diese Voraussetzungen überprüfen.

Jesus war nicht apokalyptisch

Als Erstes stellen wir eine offensichtliche Weigerung fest, irgendeine Vorstellung eines apokalyptischen Jesus zuzulassen. Obwohl der Ausdruck *apokalyptisch* oft mit dem Ende der Welt in Verbindung gebracht wird, enthält er auch die Vorstellung, dass Ereignisse sowohl eine theologische als auch prophetische Bedeutung haben. Immer, wenn Jesus über das Gericht oder seinen persönlichen Auftrag spricht, macht er apokalyptische Aussagen.

Daraus folgt, dass man Jesus, wenn man seine apokalyptischen Aussagen und Taten leugnet, seines Rechtes beraubt, über uns zu urteilen; und man ist nicht länger verantwortlich dafür, was man mit seiner Botschaft anfängt. Mit anderen Worten, wenn wir die Abschnitte herausnehmen, die von Jesus als Herrn, als König und als Richter sprechen, dann reduzieren wir ihn auf den wohlwollenden Menschen, den sich das Seminar wünscht.

Nehmen wir uns einen Augenblick Zeit zu sehen, wie das auf einen bestimmten Text angewendet wird, nämlich auf das Gleichnis vom ungerechten Richter (Lk 18,1-8). Sie erinnern sich vielleicht, dass es darin um eine Witwe geht, die immer wieder zu einem Richter kommt, um gegen ihren Widersacher Recht einzufordern. Der Richter gibt schließlich nach und erfüllt ihre Bitte, nur um sie vom Hals zu haben. Diese Geschichte wird vom Seminar mit rosa bewertet: Sie mögen sie und denken, dass Jesus sie wahrscheinlich erzählt hat. So weit, so gut. Doch interessanterweise erhält Vers 8 eine schwarze Beurteilung. Das bedeutet, dass laut diesen Theologen Jesus wahrscheinlich die Verse 2-7 geäußert hat, aber dass er Vers 8 *auf keinen Fall* gesagt hat. Warum ziehen sie eine schwarze Linie durch Vers 8? Dort steht: »*Ich sage euch, dass er ihr Recht ohne Verzug ausführen wird. Doch wird wohl der Sohn des Menschen, wenn er kommt, den Glauben finden auf der Erde?*« Die Theologen haben gegen diese Worte mit ihrer apokalyptischen Botschaft gestimmt, weil sie sich hartnäckig weigern, den Anspruch Jesu zu akzeptieren, dass er bei seiner Wiederkunft sein Volk retten und das Böse in der Welt richten wird.

Mit anderen Worten, das Seminar besteht willkürlich darauf, dass Jesus niemals von seiner universellen Vollmacht gesprochen hat, noch über seine Göttlichkeit oder seine Rolle als einziger Mittler zwischen Gott und Menschen. Laut dem Seminar wurde diese Art von Aussagen wahrscheinlich von den ersten Jüngern erfunden, die sich entschieden, den Menschen Jesus zum Gott zu machen. Der Kirche wird vorgeworfen, dass man aus dem Menschen Jesus den einzigartigen Sohn Gottes gemacht habe.

Sehen Sie, wie standhaft sie sich weigern, Jesus seine eigene Geschichte erzählen zu lassen? Bei ihnen darf Jesus nichts über seine Einzigartigkeit sagen. Sie behaupten, der Glaube daran sei eine Erfindung der Urgemeinde. Und wie Sie sich vorstellen können, erhebt bei der Ablehnung des apokalyptischen Jesus nur der alte liberale Jesus wieder einmal sein Haupt.

Es gibt bei den Ergebnissen des Seminars keinerlei Überraschungen. Die Teilnehmer des Seminars wussten schon lange, bevor sie ihre Schlussfolgerungen zogen, was sie über Jesus glaubten und was nicht. Der Jesus, den sie herausbekamen, ist der Jesus, an den sie schon glaubten, ehe sie ihre Untersuchung begannen.

Warum haben die Ergebnisse des Jesus-Seminars so viele Menschen angesprochen? Dieser größtenteils fiktive »echte Jesus« des Seminars »scheint genau die Sorte Religion zu legitimieren, nach der sich die meisten Amerikaner sehnen: eine für jeden zu habende, selbst gebastelte Spiritualität mit einem starken Touch sozialen Protestes gegen die Machthaber und eine Ich-bin-ok-du-bist-ok-Haltung in allen religiösen und ethischen Fragen. Du darfst jede Spiritualität haben, die du magst, solange es sich nicht um konservatives Christentum handelt.«[8]

Das führt uns zu der zweiten Voraussetzung des *Jesus-Seminars*.

Alles Übernatürliche ist abzulehnen

Behalten Sie im Hinterkopf, dass die Ansichten des Seminars auf einem radikalen *Anti-Supranaturalismus* beruhen. Jede Entscheidung wird mit einer standhaften Voreingenommenheit gegen Wunder getroffen. Um die genauen Worte der Einführung zu dem Buch *The Five Gospels* (Die fünf Evangelien) zu zitieren, einer Veröffentlichung des *Jesus-Seminars*: »Der Christus des Glaubens und des Dogmas, der im Mittelalter feststand, kann nicht länger die Zustimmung derer finden, die den Himmel durch Galileos Teleskop gesehen haben.«[9] Wir haben laut dieser Argumentation »den Himmel gesehen«, und können deshalb nicht länger an einen Wunder wirkenden Christus glauben. Man beachte, dass diese weit verbreiteten »Entdeckungen« des Seminars nicht auf neuen historischen oder archäologischen Beweisen beruhen. Ja, die Theologen haben das Leben und die Zeit Jesu gründlich studiert, aber nur, um ihn so zu formen, dass er ihren Vorstellung entspricht: ein Jesus, der *nur* Mensch gewesen ist.

Dieses Bekenntnis zum Naturalismus hat die Ergebnisse des Seminars vorherbestimmt. Sie fanden einen Jesus, der wie ein

Buch im Regal behandelt werden kann – man kann ihn herunternehmen, untersuchen und wieder zurückstellen, ohne irgendetwas von irgendjemandem zu verlangen. Wir behalten die Kontrolle über ihn; wir beschließen, ihn nur dann reden zu lassen, wenn das, was er sagt und tut, mit unserer vorgefassten Meinung darüber übereinstimmt, was er tun und sagen *sollte*. Kurz, das Seminar fand den Jesus, den man finden wollte. Sie haben nur auf eine etwas kompliziertere Art getan, was Jefferson in seiner Freizeit im Weißen Haus getan hat.

Es gibt eine dritte Voraussetzung, von der diese Theologen ausgehen, die wir nicht ignorieren können.

Nichtkanonische Quellen werden bevorzugt

Ohne Begründung bevorzugt das Seminar die gnostischen Evangelien, obwohl sie später abgefasst wurden, und eindeutig keinen historischen Charakter haben. Ich habe schon auf das Buch mit dem Titel *The Five Gospels* (Die fünf Evangelien) hingewiesen, wozu auch das Thomasevangelium gehört, dem damit derselbe Status gewährt wird wie den traditionellen Evangelien nach Matthäus, Markus, Lukas und Johannes.

Nun bin auch ich der Meinung, dass die gnostischen Evangelien wie das *Thomasevangelium* wichtige Quellen sind – nicht aufgrund dessen, was sie uns über den Ursprung des Christentums sagen, sondern »weil sie uns etwas über die Interessengruppen sagen, die sich ihrer heute bedienen, ... um die Richtung der gegenwärtigen Religion in Amerika zu verändern.«[10] Mit anderen Worten: Die gnostischen Evangelien sprechen Feministen, Liberale und radikale Vertreter einer selbstgebastelten Religion an, die Christen sein wollen, ohne an bestimmte Lehrinhalte glauben zu müssen.

Trotz aller gegenteiliger Beweise argumentieren einige, dass die Gnostiker die echten ersten Christen waren, obwohl sie nicht an die Gottheit Jesu, an seine Auferstehung und Wunder glaubten. Deshalb argumentieren manche sogar, dass, obwohl die Urgemeinde die Gnostiker als Häretiker ansah, eigentlich das Gegenteil wahr ist. Die Geschichte wird auf solche Weise revidiert, dass konservatives Christentum zur Häresie wird und der Gnostizismus zum wahren Glauben!

Und so werden die Gnostiker mit einer rosaroten Brille als Beispiel für Toleranz und Skeptizismus betrachtet, die nur zweitausend Jahre zu früh gelebt haben. Die Wirklichkeit ist viel weniger interessant, weil diese Sekte im eigentlichen Sinne höchst elitär und antisemitisch war, und ihre Vorstellungswelt Frauen ausgesprochen herabsetzt. Wie zahlreiche Kritiker des *Sakrileg* gezeigt haben, versuchten die Gnostiker, griechische Philosophie mit dem Christentum zu vermischen, und kamen dabei zu theologischen Vorstellungen, die widersprüchlich und ohne historischen Wert waren.

Was ist die Motivation hinter diesen Ideen, die nüchterne historische Methoden mit kreativer Geringschätzung strafen? Harold Bloom, Professor für Geisteswissenschaften und Englisch an der Yale-Universität, sagt, dass die gnostische Bibel und insbesondere das *Thomasevangelium* »uns die Kreuzigung erspart, die Auferstehung unnötig macht und uns keinen Gott namens Jesus vorstellt. Wenn Sie sich dem *Thomasevangelium* zuwenden, dann begegnen sie einem Jesus, der frei und von niemandem gesponsert ist.«[11]

Doch wenn historische Forschung überhaupt eine Bedeutung hat, dann müssen wir Philip Jenkins zustimmen: »Trotz aller neueren Entdeckungen ist das traditionelle Modell der christlichen Geschichte mehr zu empfehlen, als die revisionistischen Berichte.«[12]

Gleichermaßen sagt Darrell Bock, Professor für Kirchengeschichte am *Dallas Theological Seminary*, dass wir ein Seil – keinen Faden, sondern ein Seil (!) – von historischen Verbindungen aus vielen Einzelfäden haben, die uns zu Jesus und den Aposteln zurückführen. Deshalb spricht viel für das traditionelle Verständnis des Christentums.[13]

Wo stehen wir in dieser Frage?

Es sollte uns nicht überraschen, dass das Seminar den Jesus gefunden hat, den es finden wollte: einen Menschen, dessen Ansichten mit den eigenen übereinstimmen; einen Mann, der von seinen enthusiastischen Anhängern zum Gott und zum Christus gemacht wurde. Deshalb ist die Bibel, die eines der am besten bezeugten Bücher der Antike ist, durch Methoden mundgerecht zerlegt worden, die man auf andere Schriften nie anwenden würde.

Helga Botermann, klassische Philologin an der Universität Göttingen, schreibt:

»Seit Jahren bin ich schockiert über die Art, wie die Neutestamentler mit ihren Quellen umgehen. Sie haben es geschafft, alles so in Frage zu stellen, dass sowohl der historische Jesus wie der historische Paulus kaum noch fassbar sind. Wenn die Althistoriker diese Maßstäbe übernähmen, könnten sie sich gleich verabschieden. Es gäbe nicht mehr viel zu bearbeiten ... Wenn die Althistoriker ihre Quellen so ›kritisch‹ bearbeiteten wie die meisten

Theologen das Neue Testament, müssten sie die Akten über Herodot und Tacitus schließen.«[14]

Wir können sagen, dass die Suche nach dem historischen Jesus wie eine Art psychologischer Tintenkleckstest funktioniert. Weil die Manuskripte des Neuen Testamentes als unzuverlässig abgelehnt werden, wird die eigene Auffassung von Jesus zum Einzigen, das zählt. Losgelöst von nüchterner historischer Reflexion bilden sich viele verschiedene Porträts Jesu heraus: ein der Kultur entgegenstehender Hippie, ein jüdischer Reaktionär, ein charismatischer Rabbi oder sogar ein homosexueller Magier.

Letztendlich erfahren wir dadurch mehr über die Verfasser dieser Biografien als über Jesus. Ihre schwindelerregenden Widersprüche und ihre subjektiven Ansichten haben viele Gelehrte dazu gebracht, frustriert die Hände zu ringen und zuzugeben, dass die Suche nach dem historischen Jesus fehlgeschlagen ist. Einige Theologen mussten zugeben, dass das Porträt Jesu im Neuen Testament ein durchgewebtes Tuch ist. Sie sind nicht in der Lage, in dem Gewand eine Naht zu finden, die den historischen Jesus vom Christus des Glaubens trennt. Keine Rasierklinge ist scharf genug, das Neue Testament objektiv aufzuteilen. Da sie erkennen, dass die Suche nach dem historischen Jesus vergeblich ist, haben viele geschlossen, dass die beste Art der Reaktion darauf die ist, dass wir einfach sagen, wir wissen nicht das Geringste über ihn.

So sehr sie es auch versuchen, sie können nirgendwo auf den Seiten des Neuen Testamentes einen ausschließlich menschlichen Jesus ausmachen. Ihre Subjektivität hat ihnen nur willkürliche Einzelteile übrig gelassen, die nur schwer zusammenpassen. Sie sehen sich einer klaren Entscheidung gegenüber: *Entweder müssen sie Jesus so akzeptieren, wie er im Neuen Testament porträtiert wird, oder aber sie müssen ihre Unkenntnis über ihn bekennen.* Da sie entschlossen sind, einen Wunder wirkenden Christus nicht zu akzeptieren, haben sie entschieden zu behaupten, dass es möglicherweise noch nicht einmal einen historischen Jesus gegeben hat.

In meinem Buch *Christus der Einzige* habe ich die Geschichte des Bildes *Love Among the Ruins* (Liebe in Ruinen) von Edward Burne-Jones erzählt. Es wurde von einer Kunstfirma zerstört, die es eigentlich restaurieren sollte. Obwohl die Firma ausdrücklich darauf hingewiesen worden war, dass es sich um ein Aquarell handelt und deshalb besondere Vorsicht und Behutsamkeit erforderte, benutzten die Restauratoren die falschen Mittel und zerstörten die Farben des Gemäldes.

Durch alle Zeitalter hindurch haben Menschen versucht, das farbige neutestamentliche Porträt Jesu zu Grautönen zu reduzieren – die Wunder zu löschen und seine Ansprüche rein menschlich zu machen. Bisher hat jedoch noch niemand das Lösungsmittel gefunden, das man braucht, um das Original zu neutralisieren und es auf eine kalte, öde Leinwand zu reduzieren. Ganz gleich, wer versucht hat, Jesu Farben mit denen gewöhnlicher Menschen zu vermischen: Das Porträt bleibt widerspenstig und immun gegen diejenigen, die versuchen, zwischen dem Original und den angeblichen späteren Hinzufügungen zu unterscheiden.

Selbst zur Zeit von Augustinus gab es schon solche, die die Teile der Bibel auswählen wollten, die ihnen passten, um den Rest unberücksichtigt lassen zu können. Als Antwort auf diese Versuche schrieb Augustinus: »Wenn ihr nur an die Teile der Evangelien glaubt, die euch gefallen, und ablehnt, was euch nicht gefällt, dann glaubt ihr nicht an das Evangelium, sondern an euch selbst.«

Natürlich!

Wie ich im abschließenden Kapitel zeigen werde, entdecken wir, wenn wir bereit sind, das Neue Testament mit dem gleichen Respekt zu behandeln, den wir anderen antiken Dokumenten entgegenbringen, dass es voller verlässlicher Augenzeugenberichte über das Leben und den Dienst Jesu ist. Diese Berichte konfrontieren uns mit einem Christus, der behauptete, Gott zu sein und das auch bezeugen konnte.

Warum diese große Kluft?

Warum, mögen wir uns fragen, können einige Theologen Jahre mit Studien über Jesus verbringen und doch nie zu der Schlussfolgerung gelangen, dass er der Sohn Gottes und unser einziger Erretter ist? Hat es mit den mangelnden Beweisen dafür zu tun, oder handelt es sich vielleicht um mangelnde Bereitwilligkeit zu glauben?

Mit anderen Worten, warum erkennen Menschen, die dem Jesus des Neuen Testamentes gegenüberstehen, ihn nicht als den an, der er behauptete zu sein? Warum können Theologen ihn studieren, ohne von seiner Autorität beeindruckt zu werden? Warum erkennen andere in der Bibel nicht das, was einige von uns erkennen: Christus als Gott, König und Erlöser?

Schon als Jesus auf der Erde war, gab es die gleiche Trennung. Einige, die seine Predigten hörten und seine Wunder erlebten, sahen nicht mehr als einen »*Fresser und Weinsäufer*« (Mt 11,19). Andere sahen in ihm Beelzebul, den Dämonenfürsten (Mt 10,25) und noch andere hielten ihn für einen Hochstapler (Mt 27,63). Im Gegensatz dazu hielten ihn Petrus und die Apostel für den Sohn Gottes.

Jesus selbst führte die Unfähigkeit der Menschen, ihn und seine Mission zu verstehen, auf geistliche Blindheit und die mangelnde Bereitschaft zurück, die persönlichen Folgen zu tragen, die sich aus seinen Ansprüchen ergeben. Um diesen Gedanken zu vermitteln, heilte er einen Mann, der leiblich blind war, und half uns dabei, das Wesen des Glaubens und des Unglaubens zu verstehen: geistliches Licht und geistliche Finsternis.

Diese Geschichte, die in Johannes 9 erzählt wird, ist so bemerkenswert, dass Sie sie am besten selbst lesen. Aber um ihr Gedächtnis aufzufrischen: Jesus heilte einen Menschen, der von Geburt an blind war. Als der Mann sehen konnte, glaubten seine Nachbarn es nicht und fragten sich, ob es wirklich derselbe Mann war, den sie schon so viele Jahre kannten. Die Pharisäer, die keine Freunde Jesu waren, wurden gerufen, um die Heilung zu bestätigen, und sie riefen die Eltern des Mannes, um herauszufinden, ob dies wirklich ihr blindgeborner Sohn war. Die Eltern bestätigten, ja, dies sei ihr Sohn, doch aus Angst sagten sie, sie wüssten nicht, wer ihn geheilt habe.

Darauf folgt ein Gespräch zwischen dem Geheilten und den Pharisäern, das meines Erachtens nach einer der humorvollsten Abschnitte der Bibel ist. Spöttisch kritisiert der Mann die Pharisäer, weil sie nicht annehmen konnten, dass er von einem Mann geheilt worden war, der notwendigerweise nur von Gott gesandt sein konnte. Das Drama endete damit, dass die Pharisäer den Unglücklichen aus der Synagoge hinauswarfen. Der Geheilte begegnete danach Jesus und fiel anbetend vor ihm nieder.

Dann sprach Jesus die bemerkenswerten Worte: »*Zum Gericht bin ich in diese Welt gekommen, damit die Nichtsehenden sehen und die Sehenden blind werden*« (Joh 9,39). Betrachten wir die beiden

Kategorien von Menschen, von denen Jesus hier spricht: Im ersten Fall sind die Blinden diejenigen, denen es an geistlichem Durchblick mangelt und die bereit sind zuzugeben, dass sie gerne sehen möchten. Weil sie erkennen, wer sie selbst sind und deshalb von Jesus abhängig sind, wird ihnen geistliches Sehvermögen geschenkt. Schwache, Hilflose und Bedürftige ziehen Jesus immer an.

Aber die zweite Kategorie von Menschen, die meinen, sehen zu können – und deshalb das Licht ablehnen – »werden blind«. Jesus spricht von Leuten wie den Pharisäern. Sie sind so sicher, sehen zu können, dass sie keinen Grund finden, Jesus zu bitten, ihre Seele zu heilen. Ihre Blindheit ist ihnen letztendlich bequemer als die peinliche Aussicht, dem Licht ausgesetzt zu werden.

Der Kontrast besteht zwischen diesem Mann, der wusste, dass er blind ist und deshalb leiblich geheilt wurde, und den Pharisäern, die geistlich blind waren, sich aber weigerten, es zuzugeben. Lesen Sie dieses Kapitel in der Bibel noch einmal und Sie werden erkennen, dass die Pharisäer selbstsicher waren, aufgebläht mit Wissen, freudlos und selbstzufrieden. Deshalb bleiben sie in der Finsternis.

Die Quintessenz lautet: Die eigene geistliche Blindheit anzuerkennen, ist eine Voraussetzung dafür, in den Genuss von Jesu heilender Macht zu kommen. Diejenigen, die meinen, keinen Retter nötig zu haben – die sagen: »Danke, ich bin schon in Ordnung« – werden in ihrer Blindheit bestätigt. Man kann ihnen alle Beweise über die Echtheit des neutestamentlichen Jesus vorlegen, und sie werden ihn doch ablehnen, ohne auch nur Gewissensbisse zu verspüren. Wie die Pharisäer nennen sie ihre Sünde »Versagen« und ihre offensichtliche Heuchelei »Unvollkommenheit«. Sie gratulieren sich selbst dazu, den Weg allein zu finden.

Solche Menschen stehen im Gegensatz zu denen, die sich nur zu bewusst sind, wie sehr sie Gottes Vergebung und barmherzige Annahme nötig haben. Diese demütigen, zur Buße bereiten Sünder bekommen Augen zum Sehen. Die Pharisäer verstanden, was Jesus sagte, aber sie waren nicht bereit, ihre Blindheit einzugestehen. Mit einem Anflug von Sarkasmus fragten sie: »*Sind wir denn auch blind?*«, Jesus antwortete: »*Wärt ihr blind, so hättet ihr keine Sünde; weil ihr aber sagt: Wir sind sehend, bleibt eure Sünde*« (Joh 9,40-41).

Wir könnten seine Worte etwa so umschreiben: »Wenn ihr blind wärt und nach Erleuchtung rufen würdet, dann wäret ihr der Sünde nicht schuldig (insbesondere der Sünde des Unglaubens). Aber jetzt, da ihr behauptet, sehen zu können, seid ihr noch in euren Sünden; eure Blindheit bleibt.« Eine Begegnung mit Jesus garantiert keine geistliche Einsicht. Die Helligkeit des echten Lichtes kann die Blinden »noch blinder« machen, wenn das denn möglich wäre. Wenn wir von unserer eigenen Gerechtigkeit beeindruckt sind, dann ziehen wir uns auf uns selbst zurück, überzeugter denn je, dass wir nicht als Sünder bloßgestellt werden.

»Das menschliche Herz kann in seinem natürlichen Zustand nicht glauben, weil es sich nur um sich selbst dreht und geistliche Schönheit nicht sehen kann«, schreibt John Piper. »Weil der Mensch so egozentrisch ist, kann er nicht erkennen, was seinen Stolz verurteilt und ihm Freude schenkt, indem er einen anderen bewundert. Deshalb erfordert das Sehen der Herrlichkeit Gottes eine grundlegende geistliche Veränderung.«[15] Um die Worte Jesu zu zitieren: »*Was vom Fleisch geboren ist, das ist Fleisch; und was vom Geist geboren ist, das ist Geist. Wundere dich nicht, dass ich dir gesagt habe: Ihr müsst von neuem geboren werden«* (Joh 3,6-7). Nur die Menschen, die Buße tun, können die Wunder und die Autorität Jesu erkennen.

Um nochmals Jesus zu zitieren: *»Das ist aber das Gericht, dass das Licht in die Welt gekommen ist, und die Menschen liebten die Finsternis mehr als das Licht, denn ihre Werke waren böse. Wer Böses tut, der hasst das Licht und kommt nicht zu dem Licht, damit seine Werke nicht aufgedeckt werden. Wer aber die Wahrheit tut, der kommt zu dem Licht, damit offenbar wird, dass seine Werke in Gott getan sind«* (Joh 3,19-21).

Nicht alle Menschen werden geheilt, wenn sie Jesus begegnen. Manche bleiben in einem schlimmeren Zustand zurück, als er sie vorgefunden hat. Die Blinden werden in ihrer Blindheit bestätigt, sie ziehen sich jetzt das Gericht Jesu zu. Da sie das Licht abgelehnt haben, könnte es sein, dass sie ihm nie wieder ausgesetzt werden.

Nur Jesus kann die Blinden sehend machen, die Tauben hörend und die Lahmen gehend. Und er tut das, indem er uns zeigt, dass wir Buße und Gnade nötig haben. Er sagte zu seinen Jüngern: *»Aber selig sind eure Augen, dass sie sehen, und eure Ohren, dass sie hören«* (Mt 13,16).

Jesus zu verraten, ist für die geistlich Blinden eine natürliche Verhaltensweise. Ihn anzubeten, ist eine natürliche Verhaltensweise für diejenigen, denen er Sehvermögen geschenkt hat. Wie immer scheidet Jesus die Menschen.

Jesus hatte ein dunkles Geheimnis

> »Maria war von einem römischen Soldaten namens Panthera schwanger und wurde von ihrem Ehemann als Ehebrecherin vertrieben.«
>
> Celsus

Kommen Sie mit mir zum *Parlament der Weltreligionen*, das vor einigen Jahren in Chicago tagte, wo sich fünftausend Delegierte aus der Ganzen Welt trafen, um die Möglichkeit zu diskutieren, alle Religionen der Welt zu vereinigen. Eines Morgens entschloss ich mich, durch den Ausstellungsbereich zu spazieren, um zu sehen, ob ich eine Religion finde, die behauptet, einen sündlosen Erretter zu haben oder auch nur einen sündlosen Propheten.

Ich begann meine Suche, indem ich einen hinduistischen Swami fragte, ob irgendeiner seiner Lehrer Sündlosigkeit für sich in Anspruch genommen habe. »Nein«, sagte er und schien von meiner Frage irritiert zu sein: »Wenn jemand behauptet, sündlos zu sein, dann ist er kein Hindu!«

Wie stand es mit Buddha? Nein, sagte man mir, er behauptete von sich nicht, sündlos gewesen zu sein. Buddha fand eine Gruppe Asketen und predigte ihnen. Er lehrte, dass alles Äußere nur eine Ablenkung ist, und rief zu einem Leben der Disziplin und der Kontemplation auf. Er suchte Erleuchtung und ermahnte seine Nachfolger, dasselbe zu tun. Er starb auf der Suche nach Erleuchtung. Auch hier keine Sündlosigkeit.

Was ist mit Baha' Allah? Er behauptete, dass er eine Offenbarung von Gott hatte, die vollständiger war, mehr Erleuchtung enthielt, als die anderer vor ihm. Obwohl er von der Wahrheit seiner Lehre überzeugt war, sagte er wenig über sich selbst aus. Er meinte, dass seine Schriften »vollkommener« als andere seien, aber er beanspruchte für sich selbst nie Vollkommenheit oder Sündlosigkeit.

Als ich zu den Vertretern des muslimischen Glaubens kam, wusste ich schon, dass Mohammed im Koran zugegeben hat, Erlösung zu benötigen. Sie stimmten zu. »Es gibt keinen Gott außer Allah, und Mohammed ist sein Prophet.« Das ist das grundlegende muslimische Glaubensbekenntnis. Aber Mohammed war ein unvollkommener Mensch. Wieder keine Sündlosigkeit zu finden.

Warum forschte ich nach einem sündlosen Retter? Weil ich nicht auf einen Retter vertrauen will, der in der gleichen Lage ist wie ich selbst. Ich kann meine ewige Seele nicht jemandem anvertrauen, der noch immer an seiner eigenen Unvollkommenheit arbeitet. Weil ich ein Sünder bin, brauche ich jemanden, der sich auf einem höheren Niveau befindet.

Verständlicherweise behauptete keiner der religiösen Führer, mit denen ich an diesem Tag sprach, auch nur einen solchen Retter zu haben. Ihre Propheten, so sagten sie, zeigten ihnen den Weg, aber sie erhoben nicht den Anspruch, jemandem persönlich die Sünden vergeben oder auch nur einen einzigen Menschen verändern zu können. Wie ein Wegweiser gaben sie die Richtung an, waren aber nicht in der Lage, uns dahin zu bringen, wohin wir gehen sollten. Wenn wir Rettung nötig hätten, dann müssten wir sie uns selbst verdienen. Der Grund ist offensichtlich: Ganz gleichgültig, wie weise, begabt, oder einflussreich andere Propheten, Gurus und Lehrer gewesen sein mögen, sie hatten immer noch die Geistesgegenwart zu erkennen, dass sie genauso unvollkommen waren wie alle anderen von uns. Sie haben noch nicht einmal behauptet, in der Lage zu sein, in die finsteren Abgründe der menschlichen Verdorbenheit hinabzusteigen und Sünder in die Gegenwart Gottes zu bringen.

Wie anders war doch Christus: »*Wer von euch kann mich einer Sünde überführen? Wenn ich aber die Wahrheit sage, warum glaubt ihr mir nicht?*« (Joh 8,46). Er wies auf die Heuchelei im Leben seiner Kritiker hin, aber niemand erwiderte dieses »Kompliment«.

Judas, offenbar ein Freund, der zum Feind wurde, sagte: »*Ich habe gesündigt, denn ich habe schuldloses Blut überliefert*« (Mt 27,4).

Pilatus, der versuchte, einen Fehler an Christus zu finden, bekannte: »*Ich finde keine Schuld an diesem Menschen*« (Lk 23,4).

Petrus, der drei Jahre lang mit Jesus zusammenlebte, sagte, dass er »*keine Sünde getan hat, auch ist kein Trug in seinem Mund gefunden worden*« (1Petr 2,22).

Paulus, der Apostel, sagte, dass Gott der Vater »*den, der Sünde nicht kannte, ... für uns zur Sünde gemacht hat, damit wir Gottes Gerechtigkeit würden in ihm*« (2Kor 5,21).

Entweder war Jesus sündlos oder er war der größte aller Sünder, weil er so viele Menschen betrog, indem er Sündlosigkeit vorgab! Wie jemand es treffend ausgedrückt hat: Der beste Grund für uns, an die Sündlosigkeit Jesu zu glauben, ist die Tatsache, dass er seinen besten Freunden erlaubte, genau das von ihm zu glauben.

Warum war Jesus von der Sünde ausgenommen, die so sehr zu unserer Erfahrung gehört? Wenn er einen menschlichen Vater gehabt hätte, dann wäre die Sündennatur genauso wie auf uns auch auf ihn übergegangen, nämlich vom Vater zum Sohn. Wenn er auf natürliche Art ein Sohn Adams gewesen wäre, wäre er auch ein Sünder gewesen. Doch Maria erfuhr ein Wunder, das die Vollkommenheit ihres Sohnes sicherstellte. Er war wie wir, doch mit einem wichtigen Unterschied.

Angriff auf die Jungfrauengeburt

Wie wir erwarten würden, ist die Jungfrauengeburt schon immer von Naturalisten angegriffen worden, die sich weigern, die Einzigartigkeit Jesu anzuerkennen, und die darauf bestehen, dass er nur Mensch gewesen ist. Obwohl diese Angriffe durch nüchterne historische Untersuchungen angemessen beantwortet worden sind, tauchen sie immer wieder auf, jedesmal ein kleines bisschen variiert.

In der letzten Zeit hat ein bekannter Wissenschaftler die Debatte wiederbelebt, indem er behauptete, dass Jesus einen menschlichen Vater hatte – und zwar nicht Josef, sondern einen römischen Soldaten namens Pantera[1], dessen Ossarium man in der Nähe von München anschauen könne.

Das ist eine der Hauptthesen des Buches *Die Jesus-Dynastie – Das verborgene Leben von Jesus und seiner Familie und der Ursprung des Christentums* von James D. Tabor. Der Verfasser hat beeindruckende Referenzen: Er hat an der Universität von Chicago graduiert, ist Vorsitzender für religiöse Studien an der Universität von North Carolina in Charlotte. Und wie wir sehen werden, hat er sich entschlossen, eine alte Legende wiederzubeleben und ihr Plausibilität zu verleihen.

Natürlich hat ein Buch, das die Jungfrauengeburt leugnet, sich im Vorfeld schon für einige Annahmen entschieden. Die wichtigste wird vom Verfasser selbst deutlich festgelegt: »Der Historiker geht von der Voraussetzung aus, dass jeder Mensch eine leibliche Mutter und einen leiblichen Vater hat und dass Jesus keine Ausnahme davon darstellt. *Damit bleiben uns nur zwei Möglichkeiten: Entweder Joseph oder irgendein anderer, ungenannter Mann war der Vater Jesu*«[2] (Hervorhebung im Original). Soweit es um die Auferstehung geht, sagt Tabor auch: »Tote erwachen nicht wieder zum Leben – jedenfalls nicht, wenn sie klinisch tot sind, was Jesus nach der Kreuzigung und drei Tagen im Grab mit Sicherheit war.«[3] Mit seinem verbissenen Festhalten am AntiSupranaturalismus tut Tabor erfolgreich die Berichte des Neuen Testamentes ab und schiebt damit geschickt die gewichtigen historischen Beweise beiseite.

Aber – und das sollten wir nicht vorschnell übergehen – Tabor macht ein interessantes Zugeständnis. Er schreibt: »Zugegeben, Matthäus und Lukas berichten von Träumen und Engelsvisionen, aber der Kern der Geschichte – ein Mann findet heraus, dass seine Verlobte schwanger ist, und weiß, dass er nicht der Vater ist – hat etwas Realistisches und durch und durch Menschliches. Trotz ihrer wunderbaren Elemente ›klingt‹ die Erzählung ›wahr‹.«[4]

So geht Tabor dazu über, ein anderes Szenario zu präsentieren, obwohl er zugibt, dass die biblische Geschichte »glaubwürdig klingt«. Ich bin mir sicher, er hofft, dass sich seine Version ebenfalls glaubwürdig oder sogar »glaubwürdiger« anhört. Dabei zeigt sich, dass er einem obskuren Text folgt, der schon seit Jahrhunderten bekannt ist.

Lassen Sie uns der Beweisführung folgen und schauen, wohin sie uns führt.

Erstens: Woher kommt die Vorstellung von der Jungfrauengeburt? Tabor schreibt, dass Mythen über Menschen, deren Väter

Götter waren, in der griechisch-römischen Kultur verbreitet waren.[5] Deshalb, so fährt er fort, erfanden die Nachfolger Jesu diese Geschichten, um Jesus zu ehren und seinen höheren Status zu untermauern.

Dann fragt Tabor: »Was, wenn die Jungfrauengeburts-geschichten nicht erfunden worden wären, um Jesus als einen halbgöttlichen griechisch-römischen Heros hinzustellen, sondern um eine schockierende reale Situation zu ›erklären‹ – die Tatsache, dass Maria vor ihrer Heirat mit Joseph schwanger wurde?«[6] Schließlich kursierten offensichtlich selbst zu der Zeit, als Jesus erwachsen war, noch Gerüchte über die Umstände seiner Geburt. »Wir sind nicht durch Hurerei geboren«, sagten die Pharisä-er in deutlicher Anspielung darauf, dass dies ihrer Meinung nach auf ihn zutraf (Joh 8,41).

Tabor argumentiert, dass alle vier Frauen, die Matthäus in seinem Stammbaum in Kapitel 1 erwähnt, außereheliche intime Beziehungen gehabt haben, und mindestens zwei von ihnen dadurch schwanger wurden. Er schreibt, dass Matthäus durch die Erwähnung ausgerechnet dieser Frauen verdeckt auf Marias Situation anspielen will. Wir sollten nebenbei festhalten, dass Tabor hier nach Strohhalmen greift, denn die Abstammung dieser Frauen und die Geschichte der Jungfrauengeburt Jesu sind zu unterschiedlich. Diese Frauen wurden in dem Stammbaum erwähnt, weil es zeigt, dass Gott seine Wahl aufgrund der Gnade trifft, und sogar eine Hure oder eine nichtjüdische Frau wie Ruth (eine Moabiterin) Vorfahrin Jesu sein kann. Im Gegensatz dazu wird das Wunder der Jungfrauengeburt beschrieben, um zu zeigen, dass Josef nur der rechtliche, aber nicht der leibliche Vater Jesu war.

Tabor spekuliert weiter, dass der Vater Jesu der römische

Soldat Pantera gewesen sein könnte, und begründet das mit einer Geschichte, die auf das Jahr 178 n. Chr. zurückgeht, also über hundert Jahre nach Jesu Tod. Ein griechischer Philosoph namens Celsus schrieb im 2. Jahrhundert ein Buch gegen das Christentum, in dem er von der Geschichte berichtet, Maria »sei von einem römischen Soldaten namens Pantera schwanger geworden«[7] Die Annahme lautet nun, dass dieser griechische Verfasser nur das wiederholte, was er aus jüdischen Kreisen gehört hatte. Tabor stützt seine Alternativtheorie auf diese antike Formulierung *Jesus, Sohn des Pentera.* Er hat keine neue Information entdeckt, wie er zugibt, sondern denkt neu über einen Text nach, der schon in der Vergangenheit bekannt war und an dessen Zuverlässigkeit stark gezweifelt wurde. Donald Carson von der *Trinity University* kommentiert: »… obwohl dies in dem Buch als großartiger Fund dargestellt wird, der unterdrückt worden sei, ist es jedoch über mehrere Jahrhunderte von Gelehrten diskutiert und abgewägt worden.«[8] Pantera war zur Zeit Christi ein enorm populärer Name, und auf die Geschichte, dass ein römischer Soldat Vater von Jesus war, ist schon ausreichend eingegangen worden.

Warum also bevorzugt Tabor – entgegen allen standardisierten historischen Forschungsmethoden – den Bericht eines Feindes des Christentums aus dem zweiten Jahrhundert gegenüber den hervorragend bezeugten neutestamentlichen Dokumenten? Um noch einmal Carson zu zitieren:

»Was Dr. Tabor tut ist Folgendes: Er nimmt einfach an, dass das Ganze nicht wahr sein kann. … Deshalb müssen die Beweise gefälscht sein, und man darf die Berichte nur selektiv sehen, um die Beweise auszuklammern, dass Gott wirklich etwas in Raum, Zeit und Geschichte getan hat. An diesem Punkt wird ihn [Dr. Tabor] kein noch so großer Beweis überzeugen können, es sei denn, dass er sich der Möglichkeit öffnet, dass er selbst Unrecht hat ... und dass Gott sich selbst in Raum, Zeit und Geschichte durch einen Menschen, nämlich Jesus von Nazareth, offenbart hat.«[9]

Wieder einmal verhindert Tabors verbissenes Festhalten am Anti-Supranaturalismus, dass er den biblischen Bericht annehmen kann. In gewissem Sinn verfällt Tabor trotz aller akademischen Referenzen demselben Trugschluss wie das *Jesus-Seminar*: Er hat den Jesus gefunden, den er gesucht hat: einen einfachen Jesus, der keinesfalls Gottes besondere Offenbarung für die Menschheit ist.

So können wir sehen, dass ein Bericht aus dem zweiten Jahrhundert bevorzugt wird, wenn jemand entschlossen ist, Jesus mit Gewalt von seiner Göttlichkeit reinzuwaschen. Und ein unbedeutender Hinweis wird einem eindeutigen vorgezogen, um die Geschichte Jesu dem menschlichen Verstand schmackhafter zu machen.

Zugegeben, es ist nicht so leicht, an die Jungfrauengeburt zu glauben. Aber wenn wir über sie im Zusammenhang mit der Erlösungsgeschichte nachdenken, dann ist sie nicht nur sinnvoll, sondern wird auch ausgesprochen glaubwürdig. Um Tabor selbst zu zitieren, der biblische Bericht »klingt glaubhaft«.

Gründe für die Jungfrauengeburt

Wir sollten dieses Stück Theologie noch einmal durchgehen: Als Adam sündigte, war die gesamte Menschheit betroffen. So wie die mächtige Eiche in der Eichel verborgen ist, so waren wir alle in

Adam und erbten seine Sündhaftigkeit. Paulus stellt klar, dass wir nicht nur alle in Adam gesündigt haben, sondern dass wir durch ihn auch von Natur aus Sünder sind. Durch die Jungfrauengeburt stammte Jesus jedoch nicht vollständig von Adam ab, und dieser Bruch in der Vererbungslinie war das Mittel, durch das es Gott gefiel, Jesu Sündlosigkeit zu bewahren.

Kein Detail wird übersehen, wenn uns berichtet wird, dass Jesus von einer Jungfrau geboren wurde. Matthäus schreibt in seinem Stammbaum: »*Jakob aber zeugte Josef, den Mann Marias,* **von welcher** *Jesus geboren wurde, der Christus genannt wird*« (Mt 1,16, Hervorhebung durch den Verfasser). In manchen Sprachen ist das Geschlecht des Pronomens »welch...« nicht festgelegt, im Griechischen aber schon (wie im Deutschen, Anm. d. Übers.). Obwohl in der jüdischen Tradition die Abstammung über die väterliche und nicht die mütterliche Linie aufgezeichnet wird, ist der Ausdruck im Griechischen feminin. Matthäus wollte klarstellen, dass Christus keinen menschlichen Vater hatte.

Dann fährt der Bericht fort: »*Mit dem Ursprung Jesu Christi verhielt es sich aber so: Als nämlich Maria, seine Mutter, dem Josef verlobt war, wurde sie, ehe sie zusammengekommen waren, schwanger befunden von dem Heiligen Geist*« (Mt 1,18, vgl. auch Mt 1,25).

Lukas berichtet von Marias Reaktion: »›*Wie wird dies zugehen, da ich von keinem Mann weiß?‹ Und der Engel antwortete und sprach zu ihr: ›Der Heilige Geist wird über dich kommen, und Kraft des Höchsten wird dich überschatten; darum wird auch das Heilige, das geboren werden wird, Sohn Gottes genannt werden‹*« (Lk 1,34-35). Man beachte, wie Lukas die direkte Beziehung zwischen der Jungfrauengeburt und der Sündlosigkeit Jesu herstellt. Das ungeborene Kind war schon heilig!

Aber hätte nicht Jesus auch als gewöhnliches Kind geboren

werden können, um dann später (vielleicht bei seiner Taufe) mit der göttlichen Natur erfüllt zu werden? Das hat man schon vorgeschlagen, aber diese Theorie wirft eine andere Frage auf: »Was ist mit den Sünden, die er vor dieser einschneidenden Veränderung getan hat?« Nein, Christus wurde auf seiner geistlichen Reise nicht vom Sünder zum Heiligen befördert. Er war immer derselbe, der er schon vorher war: der sündlose Sohn Gottes.

Andere haben argumentiert, dass Gott, auch wenn Jesus einen menschlichen Vater gehabt hätte, immer noch ein Wunder hätte tun und ihn sündlos hätte machen können. Weil Gott alle möglichen Wunder tun kann, wäre das möglich. Aber einige Theologen haben zurecht darauf hingewiesen, dass ein im moralischen Bereich sündloser Mensch ein größeres Wunder gewesen wäre als die Jungfrauengeburt biologisch gesehen. Gott hätte, da bin ich mir sicher, auf verschiedene Weisen die Sündlosigkeit Christi bewahren können, aber er beschloss, es durch die Empfängnis einer Jungfrau zu tun. Das Ungeborene wird als »heiliges Kind« bezeichnet, Worte, die man auf keinen von uns anwenden könnte. Wie wir wurde Jesus von einer Frau empfangen – aber ohne Sünde. Die Inkarnation fand im Mutterleib der Maria statt.

Es ist nicht nötig zu erwähnen, dass Tabor nicht der erste Gelehrte ist, der die Jungfrauengeburt leugnet. Viele haben versucht, Jesus die Fähigkeit abzusprechen, Retter zu sein. Sie beharren darauf, dass er nur ein Mensch war – der uns auf ethische Ideale hinweisen konnte –, der aber nicht qualifizierter ist, als wir es selbst sind, um uns aus unserer eigenen Sündhaftigkeit zu erheben.

Vielleicht haben sie mit dem Glauben an die Jungfrauengeburt gekämpft. Sie mögen gehört haben, dass er auf antiker Mythologie basiert, die sich in anderen Religionen und verschiedenen heidnischen Legenden findet. Lassen Sie uns einige der Einwände betrachten und herausfinden, ob sie stichhaltig sind.

Antwort auf Einwände

Weil der Angriff auf die Jungfrauengeburt eine lange Geschichte hat, müssen wir die Einwände genauer untersuchen. Der Widerstand gegen diese Lehre begann früh in der Kirchengeschichte und besteht bis heute weiter. Wir werden uns einige der Argumente anschauen.

Die Berichte wurden der Mythologie entlehnt

Wie Tabor haben auch schon andere Theologen eingewandt, dass die Verfasser des Neuen Testamentes bei heidnischen Mythologien ihrer Zeit abgeschrieben haben. Zum Beispiel wurde Zeus als Vater der Götter und der Menschen bezeichnet, und er zeugte mit menschlichen Müttern Kinder. Diana war die Geliebte des Zeus und empfing ein Kind durch einen Goldregen, der über sie kam, als sie sich in die Einsamkeit zurückgezogen hatte. Als Folge davon wurde Perseus geboren. Auch Herkules war ein Kind des Zeus, der sterbliche Frauen schwängerte. Es gab sogar das Gerücht, dass der Gott Apollo Platon gezeugt habe.

Es gibt einen Mythos, nach dem Alexander der Große ebenfalls auf außergewöhnliche Weise geboren worden sein soll. Als die Ehe seiner Mutter vollzogen wurde, habe ein Blitz ihren Mutterleib getroffen, berichtet die Geschichte. Ihr Ehemann Philipp musste ihren Leib versiegeln, aber sie empfing und gebar Alexander.

Hätte ein heidnischer Mythos Matthäus und Lukas inspirieren

können, eine Geschichte über die wunderbare Empfängnis Jesu zu erzählen? Hatten diese Autoren einen Grund, Christus so etwas nachzusagen? Antworten Sie erst, nachdem Sie diese Frage durchdacht haben.

Man sollte festhalten, dass die heidnischen Mythen über Götter, die Frauen geschwängert haben sollen, erst entstanden, nachdem einzelne Menschen berühmt geworden waren. Es gibt keine Dokumente aus der Zeit ihrer Geburt, die behaupten, dass solch ein Wunder stattgefunden habe. Im Gegensatz dazu wurde die Jungfrauengeburt Jesu *vorhergesagt*.

Die heidnischen Legenden entstanden aus dem Polytheismus, dem Glauben, dass es viele Götter gibt – mächtige Wesen mit menschlichen Begierden, Eifersucht und Hass. In dem Zusammenhang ging es immer um Sexualität und Fruchtbarkeit. In der Mythologie genossen die Götter menschliches sexuelles Vergnügen. Wenn die Orgien vorbei waren, konnten die Frauen nicht mehr als Jungfrauen gelten.

Ist es glaubhaft, dass die Kirche Ideen aus dem zutiefst entwürdigenden Bereich der heidnischen Mythologie entlehnen würde? Hätten die christlichen Verfasser die polytheistischen Vorstellungen der Heiden eingebaut, die sie als Feinde der jüdisch-christlichen Lehre ansahen? Matthäus und Lukas hätten ihre Erzählung nie geschrieben, um zu zeigen, dass Christus genauso war wie andere heidnische Helden!

Der Gedanke, dass Gott Maria sexuell anziehend fand, ist verwerflich und widerspricht dem gesamten Geist der Verfasser der Evangelien. Deren Berichte sind, um die Worte von Robert Gromacki zu zitieren, »in Heiligkeit gebadet«. Es gibt eine ethische Kluft, die die Berichte des Neuen Testaments von der heidnischen Mythologie trennt.

Im Gegensatz zu den heidnischen Legenden waren die Verfasser des Neuen Testamentes nüchtern und zurückhaltend, und sie gingen auf jeden Fall davon aus, wörtlich genommen zu werden. Die Berichte über die Geburt Jesu sind eher untertrieben. Sie haben Würde, sind plausibel und entsprechen einem hohen moralischen Standard.

Die ersten Christen verbreiteten den christlichen Glauben mit großem Eifer. Sie hätten sicher die Erzählungen über Christus nicht mit einer zweifelhaften Geschichte belastet, die niemand geglaubt hätte. Sie glaubten an die Jungfrauengeburt, und andere taten es auch, weil der Bericht die Kennzeichen der Authentizität hatte. Uns imponieren nicht so sehr die Übereinstimmungen mit der Mythologie, sondern die Unterschiede zu ihr.

Lassen Sie uns eine heutige Version der Theorie, dass die Jungfrauengeburt von den Verfassern der Evangelien erfunden worden sei, genauer untersuchen.

Die Berichte haben eine verborgene Bedeutung
John Shelby Spong ist der emeritierte Bischof der Episkopalkirche Newark in New Jersey. Sein Buch *Born of a Woman: A Bishop rethinks the Virgin Birth and the Treatment of Woman by a Male-Dominated Church* (»Geboren von einer Frau: Ein Bischof überdenkt die Jungfrauengeburt und die Behandlung von Frauen in einer von Männern dominierten Kirche«) ist ein weiterer Versuch – um seine eigenen Worte zu gebrauchen –, »die Bibel vor den Fundamentalisten zu retten.« Er spricht sich dafür aus, dass 1. die Geburtsberichte im Neuen Testament unrealistische Geschichten seien, die man nicht wörtlich nehmen dürfe; 2. Maria mit ziemlicher Wahrscheinlichkeit vergewaltigt worden sei; 3. die Jungfrauengeburt in nicht zu überschätzendem Maße zu

einer konstruierten und zerstörerischen Sicht der Frau beigetragen habe, weil sie benutzt worden sei, um Frauen in die stereotype Rolle der Mutterschaft zu pressen; und 4. dass Jesus aller Wahrscheinlichkeit nach verheiratet war – und zwar mit Maria Magdalena.[10]

Spong ist als bibeltreuer Fundamentalist aufgewachsen, der die Bibel von ganzem Herzen liebte. Als er den Fundamentalismus aufgab, liebte er die Bibel weiterhin, so sagt er, aber er hörte einfach auf, sie wörtlich zu interpretieren. Um es mit seinen Worten wiederzugeben: Diese nichtwörtliche Methode hat ihm eine neues Verständnis für die tiefere Bedeutung der Bibel geschenkt!

Deshalb müssen wir fragen: Wollen die Verfasser der Evangelien einfach »die heiligen Geschichten erforschen, Dinge herausarbeiten und analysieren, um verborgene Bedeutungen zu finden, die weißen Stellen zu füllen und Hinweise auf noch zu entdeckende Wahrheiten zu suchen«, wie Spong behauptet?[11] Er argumentiert, dass die ursprünglichen Leser der Evangelien gewusst hätten, dass dies unrealistische Geschichten seien, dass aber spätere Generationen – die sich von den jüdischen religiösen Wurzeln entfernt hatten und in ihrem Denken nicht mehr so stark semitisch geprägt waren – meinten, diese Berichte seien entweder wörtlich zu nehmen oder als offenkundige Lügen anzusehen.

»Es gab nichts Objektives an der Evangelienüberlieferung. Es handelt sich nicht um Biografien. Sie waren Bücher, die Glauben erwecken wollten«, schreibt Spong.[12] Matthäus und Lukas haben nicht gelogen, weil sie wussten (oder zumindest dachten), dass niemand ihre Worte als Fakten interpretieren würde.

Aber Spong hat Unrecht, zutiefst unrecht mit seinen Annahmen. Er behauptet, dass die neutestamentlichen Verfasser eigentlich Kommentare zur Heiligen Schrift schrieben, ungenaue Beobachtungen, von denen sie wussten, dass sie Legenden waren. Aber jeder, der unvoreingenommen das Neue Testament studiert, würde zustimmen, dass die Verfasser die Absicht hatten, einen ehrlichen Bericht der Geschehnisse weiterzugeben, nicht eine erfundene Geschichte, die einfach Ehrfurcht und Erstaunen hervorrufen sollte. Sie kommentierten nicht die Heilige Schrift, sie *schrieben* sie (vgl. Lk 1,1-4).

Spong macht das, was viele liberale Theologen machen: Er schreibt die Geschichte so um, dass sie nach seinem Geschmack verläuft. Diese Art der Neuschreibung von Geschichte wird nicht nur von denen betrieben, die daran interessiert sind, eine vorgegebene politische Theorie zu unterstützen (z. B. den Marxismus), sondern auch von denen, die eine bestimmte religiöse Richtung vorantreiben wollen. Die Geschichte neu zu schreiben, wenn neue historische Fakten ans Licht kommen, ist das eine. Dies wegen bestimmter persönlicher Ansichten zu tun, ist etwas ganz anderes.

Hier haben wir das gleiche Dilemma, dem sich die Liberalen immer stellen mussten: Nachdem sie Christus seiner Zeugnisse beraubt haben, die seinen Anspruch als Retter begründen, bleibt ihnen nichts mehr, das zu glauben wert wäre. Spong fing mit der Behauptung an, dass die Jungfrauengeburt niemals wörtlich genommen werden sollte, sondern nur dazu bestimmt war, den Glauben zu inspirieren. Aber Glaube an was?

Er behauptet, dass der Bericht geschrieben worden sei, »um Ehrfurcht und Erstaunen zu erwecken und hervorzubringen«, aber so weit es mich betrifft, verpuffen Ehrfurcht und Erstaunen ganz schnell, wenn die Berichte nicht wahr sind. Was übrig bleibt, ist ein Christus, dessen Vater ein Sexualverbrecher war; ein Christus, der wahrscheinlich verheiratet war, und ein Christus, der genauso ein Sünder ist, wie wir alle. Wir haben also ganz sicher keinen Erretter.

Das ist keine Gelehrsamkeit, sondern Unglaube. Spong hält unbedingt daran fest, dass der Jesus der Evangelien auf einen bloßen Menschen zu reduzieren ist. Er hat beschlossen, die Jungfrauengeburt (und andere Wunder) zu leugnen – einfach, damit diese Berichte mit seinen eigenen Ansichten übereinstimmen. Er leugnet die Jungfrauengeburt, weil er die Menschwerdung leugnet oder sie zumindest uminterpretiert, um sie ihrer Bedeutung zu berauben. Seine Schlussfolgerungen basieren auf dem, was Gott seiner Meinung nach *nicht* getan hat.

Glaube an die Jungfrauengeburt ist keine Sache der Interpretation. Die Bibel ist kein Buch, das man so interpretieren kann, wie es einem gefällt. Sicherlich gibt es Uneinigkeit über einige Texte und sogar über einige Lehraussagen. Aber die Jungfrauengeburt und die Wunder Christi sind eindeutig unzweideutig. Die Frage ist: Sind wir bereit, daran zu glauben? Unglaube, nicht ein unvoreingenommener Versuch der Interpretation, hat Spong zu seinen Schlussfolgerungen geführt.

Spongs Programm wird auf jeder Seite seiner Schriften deutlich. Sein Buch sagt mir nichts Wertvolles über Christus, aber viel über ihn selbst. Zum Beispiel weiß ich über ihn, dass er die Rechte von Homosexuellen verteidigt, weil er sich in einem vorherigen Buch mit dem Titel *Rescuing the Bibel from Fundamentalism* (»Die Bibel vor dem Fundamentalismus retten«) für mehr Toleranz gegenüber der Homosexuellenszene einsetzt und nahelegt, dass der Apostel Paulus homosexuell gewesen sei.[13] Ich weiß auch, dass er Feminist ist, weil er sagt, dass die Jungfrauengeburt teilweise für die Unterdrückung der Frauen verantwortlich sei (angeblich weil sie den Eindruck erwecke, dass Kindererziehung eine hohe Berufung ist). Ich weiß auch, wie sehr ihm Fundamentalisten missfallen, und wie sehr er es liebt, alles in Zusammenhang mit Sexualität zu bringen. Ich weiß auch, wie viel (oder wie wenig) er glaubt.

Spong hat den Jesus des Neuen Testaments genommen und ihn seiner eigenen, ganz persönlichen Vorstellung davon angepasst, wie Jesus sein sollte. In seinem Buch begegnet mir Spong, aber Christus begegnet mir dort nicht. Unbewusst hat der Bischof einfach nur seine eigene Biografie geschrieben!

Spong legt seine Ansichten dar und schreibt: »Für mich ist die Zeit vorbei, in der ich es zuließ, dass *mein* Christus – aus Toleranz gegenüber religiöser Labilität – innerhalb eines Systems tödlicher Wortwörtlichkeit definiert wird« (Hervorhebung durch den Verfasser).[14] Er sagt, dass er sein Jesusbild nicht auf einer wörtlichen Auslegung der Bibel gründen will. Aber wer ist dieser Christus dann? Woher können wir wissen, dass dieser Christus der Richtige ist? Offensichtlich hat er sich seinen eigenen privaten Jesus geschaffen, der nicht für jeden zugänglich ist. Spong hätte sein Buch besser betitelt: *Mein ganz persönlicher Jesus – die Veröffentlichung des privaten Glaubensbekenntnisses eines Bischofs.*

In einer scharfsinnigen Kritik hat N. T. Wright gezeigt, dass sich Spong von aller ernsthaften historischen Wissenschaft getrennt hat, um sich selbst einer Welt zu öffnen, »wo der moderne Exeget eine selbst entworfene Historie im Interesse einer modernen Ideologie konstruieren kann. Im Falle Spongs ist das die Beharrlichkeit, überall sexuelle Probleme hineinzulesen.«[15] Letztendlich hat sich der Kreis geschlossen: Nachdem er angenommen hatte, dass Matthäus und Lukas Geschichten erfunden haben, um ihre Ideologie darzustellen, erfindet nun Spong Geschichten, um für seine eigene Ideologie zu werben.

Wenn Spong meint, dass seine Bücher »Jesus vor den Fundamentalisten retten« würden (damit sind wahrscheinlich wir gemeint), dann sollte er wissen, dass diese ermüdenden Einwände gegen einen Wunder wirkenden Christus schon lange zuvor von fähigen Theologen beantwortet worden sind. Zu glauben, dass sein Buch den Glauben echter Nachfolger auslöschen könne, entspricht dem Glauben daran, dass man mit Stroh ein Feuer löschen könne!

Noch einmal Jesus

Wir finden es schwer zu glauben, dass die Mutter Alexander des Großen schwanger wurde, als sie vom Blitz getroffen wurde; nicht nur, weil die Geschichte sich wie eine Legende anhört, sondern auch, weil es im Leben Alexanders nichts gibt, das nahelegen würde, er wäre mehr als ein Mensch gewesen. Kein Historiker schreibt ihm die Fähigkeit zu, Sünden zu vergeben oder die Toten aufzuerwecken.

Aber wenn wir an den Tod und die Auferstehung Christi denken, dann bricht unsere geschlossene Sicht des Universums auf. Der Unglaube wird aus unserem Herzen verdrängt, und wir werden zu der Erkenntnis gebracht, dass dieses Wunder mit dem Rest des Lebensweges Christi übereinstimmt. Je mehr wir über Jesus wissen, desto vernünftiger wird seine jungfräuliche Empfängnis.

Die Jungfrauengeburt und die Mission Christi als Retter stehen im Zusammenhang mit der Botschaft des Engels an Josef. Maria sollte durch den Heiligen Geist einen Sohn empfangen und

»ihm den Namen Jesus geben, denn er wird sein Volk retten von ihren Sünden« (Mt 1,21). Sein Name war Jesus, was bedeutet »Jahwe ist Errettung«. Und seine Qualifikation ermöglichte es ihm, seinem Namen entsprechend zu leben.

Es gibt einen Friedhof, auf dem ein Grabstein mit folgender Inschrift steht: »Heiliges Andenken an Methusalem Koking, gestorben mit 6 Monaten.« Bei einem Namen wie diesem hätte man ein langes Leben erwartet, aber bei den Sterblichen garantiert selbst der beste Name nicht das beste Leben. Christus bekam einen Namen, der etwas über seine überragende Qualifikation aussagte, und er enttäuschte uns nicht.

Schauen Sie sich die religiöse Welt an. Gehen Sie in die Bibliothek und lesen Sie alles über die großen religiösen Lehrer der Geschichte. Forschen Sie nicht nur danach, was diese Menschen gelehrt haben, sondern auch danach, was sie über sich selbst gesagt haben. Suchen Sie nicht nach einem Propheten, denn deren Namen sind Legion, sondern finden Sie einen Retter – einen qualifizierten, sündlosen Retter. Sie werden entdecken, dass Christus konkurrenzlos ist. Wenn es einen anderen mit dem Anspruch gegeben hätte, sündlos zu sein, würden wir bereitwillig seine Qualifikation prüfen, um zu sehen, wie sie im Vergleich mit der Qualifikation Christi bestehen kann. Wenn Sie die Anforderung »Sündlosigkeit« erwähnen, dann lichtet sich das religiöse Feld, und nur *ein* Mensch bleibt übrig. Christus erfüllt alle Erwartungen, die sein Name weckt!

»Er allein ist der Hohepriester, den wir brauchen: Er ist heilig und ohne jede Schuld, rein und ohne Fehler, von Gott hoch erhoben auf den Ehrenplatz im Himmel. Christus muss nicht – wie die anderen Hohenpriester – an jedem Tag zuerst wegen der eigenen Sünden für sich selbst ein Opfer bringen, ehe er für sein Volk opfert. Als Jesus

Christus am Kreuz für unsere Schuld starb, hat er ein Opfer gebracht, das ein für allemal gilt« (Hebr 7,26-27, NGÜ2000).

Was ist die Folge seines persönlichen Opfers? *»Daher kann er die auch völlig erretten, die sich durch ihn Gott nahen, weil er immer lebt, um sich für sie zu verwenden«* (Hebr 7,25). Christus ist nicht nur der Lage, große Sünder zu retten, sondern er kann sie auch vollständig, das heißt für immer, retten. Und wer profitiert von seiner Errettung? Nach dem, was wir von ihm wissen, ist es sinnvoll anzunehmen, dass es auf die begrenzt ist, *»die sich durch ihn Gott nahen.«*

Nun verstehen wir, warum Christus der einzige Weg ist – niemand sonst besitzt die Qualifikation. Wir verstehen auch, warum andere Religionen Propheten haben können, aber keinen Retter. Die verschiedenen anderen religiösen Führer der Welt sind Menschen, die selbst dabei sind zu ertrinken und anderen schwachen Ertrinkenden auch noch Schwimmanweisungen zurufen.

Napoleon mag die volle Bedeutung seiner Worte nicht verstanden haben, aber man schreibt ihm den Ausspruch zu, dass es eine Ewigkeit von Unterschieden zwischen Christus und anderen Menschen gibt. Und dieser Unterschied, so füge ich hinzu, besteht darin, dass Christus die Qualifikation zur »Retterschaft« hat.

Was für eine Tragödie wäre es, Shakespeare zwar als Menschen, aber nicht als Literaten zu kennen; mit Isaak Newton zwar persönlich bekannt zu sein, aber von seinen Fähigkeiten als Naturwissenschaftler nichts zu wissen. Aber eine noch größere, ewige Tragödie wäre es, wenn wir Jesus zwar als Freund, Philosophen, Propheten und Wundertäter kennen würden, aber nicht als Retter.

Spongs Christus bräuchte genau die Gnade, von der Christus selbst gesagt hat, dass er sie uns gebracht hat. Ein sündiger Retter ist ein Widerspruch in sich.

Aber der Christus des Neuen Testamentes wirft uns nicht nur eine Schwimmweste zu; er persönlich holt uns aus dem moralisch verschmutzten Wasser, das sich in unserem Herzen und in unserer Umwelt findet.

Ihn zu lieben, reicht nicht aus. Ihn zu bewundern, reicht ebenfalls nicht aus. Wir müssen uns ihm mit unserer Seele anvertrauen – mit unserer ewigen Seele.

Viele Propheten, aber nur ein Retter.[16]

Jesus ist ein Weg von vielen

> *» Einer der größten Fehler, den wir machen, ist zu glauben, dass es nur einen Weg zu leben gibt. Es gibt viele Wege, viele Pfade zu dem, was Sie Gott nennen.«*
> Oprah Winfrey

»Es gibt viele verschiedene Wege, die zu Gott führen.«

Ich habe diesen Satz schon oft gehört, und Sie sicherlich auch. Sie diskutieren gerade mit einem Freund oder einer Freundin über Religion, darüber, wie notwendig Christus ist. Und ohne auch nur noch einmal Luft zu holen, fließen ganz leicht die Worte aus ihrem oder seinem Mund: »Das ist ja schön für dich, aber es gibt so viele Wege zu Gott!« Doch dadurch, dass man diese Aussage ständig wiederholt, wird sie noch nicht wahr. In der Tat kann man davon ausgehen, dass diejenigen, die dieses politisch korrekte Mantra wiederholen, das Evangelium nicht verstanden haben. Dieses Kapitel wird uns helfen zu verstehen, warum der einzige Weg zu Gott über Jesus geht, und warum es keine anderen Wege geben *kann*. Bitte verstehen Sie mich richtig an dieser Stelle.

Weil Oprah Winfrey (berühmte Talkmasterin in den USA, die auch Lebenshilfe-Sendungen macht. Anm. d. Übers.) eine der populärsten Verfechterinnen der Philosophie »Jesus ist nur einer unter vielen« ist, wollen wir uns einen Augenblick Zeit nehmen, ihre geistlichen Lehren zu analysieren, damit wir besser verstehen, wie sie über Jesus denkt. Schließlich wird sie von Millionen Menschen für Amerikas angesehensten und am meisten bewunderten spirituellen Guru gehalten. Mir ist jedoch klar, dass jegliche Kritik an dem, was Oprah sagt oder tut, in den Augen vieler Menschen Kritik am Göttlichen schlechthin ist. *USA Today* brachte sogar einen Artikel mit der Frage im Titel: »Das göttliche Fräulein Winfrey?«

Gerechterweise muss man sagen, dass Oprah großzügig für viele wohltätige Zwecke spendet, und durch das *Angel Network* (Netzwerk der Engel) und den *Use Your Life Award* (Nütze-Dein-Leben-Preis, beide von Oprah gestiftet, Anm. d. Übers.) hat sie das Leben von vielen Kindern verbessert. Sie hat Stipendien für schwarze Universitäten gestiftet, Gemeinden unterstützt und Familien aus den Ghettos geholt. Erst kürzlich hat sie Geld investiert, um eine Schule für Behinderte in Afrika zu bauen.

Weil Oprah als Kind sexuell missbraucht wurde, kann sie mit Leidenden mitfühlen – insbesondere natürlich mit denen, die dieselbe Erfahrung wie sie machen mussten. Sie hat mutig Themen wie Gewalt in der Familie und eheliche Untreue aufgegriffen, sie hat den Vorhang aufgezogen und dabei geholfen, die Realität von solchen wichtigen Fragen aufzuzeigen.

So weit, so gut.

Warum Oprah?

Warum sollten wir darüber diskutieren, wie Oprah über Jesus denkt? Schließlich behauptet sie nicht, Pastor oder Prediger zu sein. Sie hat keinen Abschluss in Theologie und behauptet nicht von sich, wissenschaftlich über die Bibel Bescheid zu wissen. Man muss ihr anrechnen, dass sie sich selbst nie als »göttlich« bezeichnet hat, sie tut einfach, was sie tut; genauer gesagt, das, wozu sie sich berufen fühlt. Sie steht ganz – oder zumindest weit – oben auf jeder Liste der meist bewunderten Frauen der Welt. Wir können die Beziehung und den Einfluss, den sie täglich auf Millionen von Zuschauern hat, kaum überschätzen.

Natürlich hat Oprah ein Recht auf ihre eigene Meinung über Jesus. Und ob sie Recht oder Unrecht hat, man muss sie respektieren für die guten Taten, die sie vollbringt. Doch können wir ihre Ansicht über Jesus aus einigen zwingenden Gründen nicht ignorieren.

Erstens, weil sie eine spirituelle Autorität ist. In dem Artikel aus *USA Today* heißt es: »Nach zwei Jahrzehnten der Suche nach ihrem authentischen Ich – nachdem sie New-Age-Theorien erforscht, Autos verschenkt, Pfunde abgespeckt, gute Bücher empfohlen und zahllose Themen von ernsthaft bis belanglos angesprochen hat – hat sich Oprah zu einer neuen Guru-Popularität aufgeschwungen.

... Während der vergangenen Jahre hat sich Winfrey zu einer spitituellen Führerin für das neue Jahrtausend entwickelt, eine Stimme der moralischen Autorität für die ganze Nation.«[1] Sie hat ihre Kanzel genutzt und »ist zu einer Galionsfigur der Spiritualität geworden«.[2]

Wenn wir ihren Einfluss auf die fast 50 Millionen Zuschauer allein in den Vereinigten Staaten bezweifeln, dann sollten wir uns an eine Umfrage auf www.beliefnet.com erinnern, die zeigt, dass 33 Prozent der Befragten sagten, dass Oprah mehr Einfluss auf sie gehabt habe als ihre Pastoren und Geistlichen. Cathleen Falsani, Journalistin im Bereich Religion bei der *Chicago Sunday Times*, fragt: »Ist Oprah Amerikas Pastor geworden?«

Claire Zulkey, eine Anhängerin von Oprah, die ein Online-Blog (Internet-Tagebuch) führt, schreibt: »Ich glaube, wenn wir in so was wie dem Mittelalter lebten und wir dann ganz schnell 1200 Jahre weiterspulen würden, dann würden Gelehrte wahrscheinlich die Ansicht vertreten, diese Oprah sei eine Gottheit, wenn sie dann nicht sogar schon heilig gesprochen wäre.«[4]

Marcia Nelson, in deren Buch *The Gospel according to Oprah* (»Das Evangelium nach Oprah«) es heißt, dass es nicht weit hergeholt sei, Oprah als geistliche Führerin zu bezeichnen, bemerkt: »Ich habe schon zu vielen Leuten gesagt: ›Sie ist der neue Billy Graham.‹«[5] Oprah ist eine Frau mit einer mächtigen Stimme, sie hat ein großes Publikum, sie bezeichnet ihre Show als ihren »Dienst« und sie spricht immer wieder von ihrer Mission, so dass wir prüfen müssen, welche Botschaft sie ihrem riesigen Publikum jeden Tag vermittelt.

Der zweite und wichtigste Grund, warum ich in diesem Buch über sie spreche, ist, dass sie der Prototyp der meisten Amerikaner ist, wenn es um den Glauben an Jesus geht. Oprahs Glaube ist ein Mikrokosmos der religiösen Landschaft unserer Gesellschaft. Wie wir sehen werden, ist unser Zeitalter für Oprahs Art der Spiritualität offen, aber sehr verschlossen gegenüber der einzigartigen Botschaft von Jesus, die die Bibel lehrt. Unsere Kultur ehrt Jesus, und dennoch wird er ständig verraten.

Verstehen Sie bitte, dass ich nicht über Oprahs Beziehung zu Gott richte. Sie hat in einem Nebensatz einmal gesagt, dass Jesus ihr Retter sei. Zu beurteilen, wo sie persönlich auf ihrer Reise mit Jesus steht, ist allein Gottes Sache. In diesem Kapitel geht es nicht so sehr um sie als Frau, sondern mehr um das, was Darrell Bock als das »Jesustum« unserer Zeit bezeichnet. Oprah ist ein Fenster, durch das wir einen Blick auf die heutige, spirituell aufgeheizte Popkultur werfen können.

Was nötig ist, um das Publikum zufrieden zu stellen

Was lehrt Oprah, wodurch Millionen von Menschen in die Irre geführt werden? Wie wir sehen werden, lehrt sie die Menschen genau das, was sie hören wollen. Können Sie sich Folgendes vorstellen: Was wäre, wenn Oprah sich auf ihren tief im Baptismus verwurzelten Hintergrund besinnen und lehren würde, dass es keinen anderen Weg zu Gott gibt außer Jesus? Was, wenn sie sagen würde, dass wir nur dann in Gottes heiliger Gegenwart bestehen können, wenn wir das Heilmittel gegen die Sünde annehmen, das uns in Jesus angeboten wird? Aussagen dieser Art wären der Untergang ihrer Sendung. Millionen würde angewidert auf ein anderes Programm umschalten. Die Sprache in ihrer Sendung darf religiös sein, aber nicht spezifisch christlich. Zum Beispiel sagten zwei von Oprahs Gästen, Chip und Jody Ferlaak aus Michigan, dass sie gebeten wurden, christliche Ausdrücke zu vermeiden, wenn sie ihre Geschichte über den verheerenden Unfall ihrer vierjährigen Tochter Teagan erzählten, damit ihre Botschaft der Vergebung für Menschen unterschiedlicher Glaubensrichtungen annehmbar würde.[6]

»Das ist verständlich«, werden Sie sagen. »Wenn ihre Sendung christlich orientiert wäre – insbesondere was Jesus betrifft, hätte sie nur wenige Zuschauer.« Genau. Aber wie wir noch sehen werden, verrät sie Jesus, wenn sie ihn zu einer Möglichkeit unter vielen macht – und führt damit Millionen in die Irre.

Oprah, die genau weiß, was Menschen gerne hören möchten, wählt die Themen aus, die in unserer pluralistischen, hedonistischen und in sich selbst verliebten Kultur Widerhall finden. Diese Botschaft ist sorgfältig unserer Zeit angepasst, und sie spricht die Wünsche von Menschen an, die Sünde nicht als ihr Hauptproblem betrachten. Wir haben eine Kultur, in der man sich nicht sehr um Gott kümmert; und wenn doch, dann nicht so sehr, damit er uns vergibt, sondern damit er uns dabei hilft zu erreichen, was wir werden wollen. Wir wollen diese New-Age-Themen durchdenken und dann insbesondere von Jesus sprechen.

Spiritualität ohne Wahrheit

Spiritualität ist ein großes Thema von Oprahs Sendungen. Sie sagt, dass wir im Wesentlichen Geistwesen sind: »Ich glaube, dass das Leben ewig ist. ... Ich glaube, dass es andere Formen annimmt.« Sie sagte dem New-Age-Guru Gary Zukav: »Ich bin eine Tochter der Schöpfung. Ich bin mehr als nur mein leibliches Wesen. Ich bin mehr als der Job, den ich erledige. Ich bin mehr als diese Äußerlichkeiten, die ich mir selbst zugelegt habe. ... Das sind alles Erweiterungen meiner Definition von mir selbst, aber letztendlich bin ich Geist, der von dem größten Geist her gekommen ist. Ich bin Geist.«[7]

Es stimmt natürlich, dass wir Geist sind, in dem Sinne, dass wir sowohl eine Seele als auch einen Geist in unserem Körper haben. Aber wenn Oprah sagt: »Ich bin Geist«, dann spricht sie mit den Worten der New-Age-Bewegung, die versucht, die metaphysische Welt (den Bereich des Geistlichen) ohne Landkarte zu erforschen – d. h. ohne die Führung der Bibel.

Zwölf Tage nach dem 11. September 2001 kamen Tausende Menschen in das Yankee Stadion in New York, um einem Gottesdienst beizuwohnen, in dem man an die Opfer erinnerte und die Trauer der Überlebenden der Nation teilte. Am Programm nahm eine Gruppe christlicher, muslimischer, jüdischer, hinduistischer und Sikh-Geistlicher teil. Der Gottesdienst war zutiefst religiös, doch ausgesprochen pluralistisch – und er wurde von Oprah Winfrey geleitet.

»Wenn man jemanden verliert, den man geliebt hat, dann gewinnt man einen Engel, dessen Namen man kennt«, sagte sie. »Über sechstausend und vielleicht noch mehr Engel wurden in diesen vergangenen zwei Wochen in Dienst genommen. Es ist mein Gebet, dass sie uns mit einer direkten Verbindung zu unseren Herzen im Auge behalten.«[8] Aber Moment – woher weiß Oprah, dass sich menschliche Wesen nach ihrem Tod in Engel verwandeln? Intuition? Wunschdenken? Vielleicht sollten wir solche Aussagen nicht zu kritisch hinterfragen und sie einfach als Abfallprodukte einer Wohlfühl-Religion betrachten.

Aber noch bedenklicher ist es, dass Oprah Winfrey bezüglich ihres Films *Beloved* (Geliebt) berichtete, sie habe einige der historischen Figuren *gechannelt*, die in ihrem Film vorkommen. In einem Interview mit dem Filmkritiker Roger Ebert zeigt Oprah, was ihr geholfen hat, sich jeweils auf die Aufnahmen des Tages zu konzentrieren: echte Rechnungen von Verkäufen auf einem Sklavenmarkt. »Vor einigen Szenen«, sagt Oprah, »habe ich Kerzen angezündet und ihre Namen aufgesagt. ... Ich versuchte, sie hereinzurufen. Ich habe sie mit einem Gefühl der Ehrfurcht hereingerufen, weil ich immer meinte, dass dies großartiger war als mein eigenes kleines Ich.«

Oprah fährt fort: »Bei der ersten Begegnung mit [Regisseur] Jonathan Demme hatte er Bedenken, ob ich die Oprah-Person ablegen und die Rolle spielen konnte. Und ich sagte, dass ich nicht wüsste, ob man es nicht besser *channeln* als spielen sollte. Ich hatte das Gefühl, dass ich mich öffnen und empfangen musste, statt zu versuchen hinzugehen und zu finden.«[9]

Ja, Mystizismus mit der dazugehörigen Spiritualität ist anziehend. Millionen versuchen, sich mit dem Jenseits in Verbindung zu setzen, damit sie Kraftquellen und Hilfe finden, um Hindernisse zu überwinden. Es handelt sich um eine Welt voller Selbsterkenntnis, spiritueller Gurus und sogar Wundern. In öffentlichen Bibliotheken sind die Regale voller Bücher über Wunder, psychische Energie und okkulte Wissenschaft. Es gibt zu dem Thema Hunderte von Webseiten.

Aber die Bibel warnt vor allen Formen des Okkultismus, ob es sich um das Channeln von Geistern, nachgemachte Wunder oder um Astrologie handelt. Die Heilige Schrift lehrt uns, dass zwei geistliche Reiche den Bereich füllen, in der wir leben: das Reich Gottes und seine guten Engel, und das Reich Satans und seine bösen Engel. Und weil die finstere Seite der Geisterwelt versucht, Gott nachzuahmen, sollten wir nicht erstaunt sein, dass Menschen oft verführt werden und satanische »Dämonen des Lichts« irrtümlich für einen Kontakt mit dem lebendigen Gott halten. Sie können ganz sicher sein, dass Oprah nicht mit toten Sklaven oder vom Himmel gesandten Wesen in Verbindung gestanden hat. Die finstere Seite der Geisterwelt steht bereit zum Kontakt mit leichtgläubigen Menschen.

Spiritualität ohne Wahrheit führt zu überwältigenden Betrügereien. Nur die Bibel kann uns die Unterscheidungskraft geben, die wir in diesem pluralistischen Zeitalter brauchen.

Psychologie ohne Theologie
Oprah verbreitet eine Psychologie, die im Wesentlichen aus dem Evangelium der Selbstverwirklichung besteht. Anders als das biblische Menschenbild ist diese Psychologie auf das Ich zentriert. Das Mantra geht so: Tu, was deine Bedürfnisse befriedigt und dir

Erfüllung schafft. *Suche nach dem Allerbesten!* Und wie erreicht man diese ideale Erfüllung? Mach etwas aus dir selbst und hoffe, dass andere auch viel aus dir machen.

Indem sie Psychologie ohne Theologie lehrte, ist Oprah zu etwas geworden, das jemand »Hohepriesterin und Ikone der Psychologisierung der amerikanischen Gesellschaft« genannt hat. Wenn sie New-Age-Gurus in ihre Show einlädt, dann meinen Millionen von Zuschauern auf der ganzen Welt, dass diese New-Age-Vorstellungen den Mainstream der Gesellschaft ausmachen. Und wie jemand einmal gesagt hat: »Oprahs Kleidung trägt Markennamen, ihre Religion nicht.«[10]

Laut dem New-Age Gedankengut brauche ich Bestätigung, wenn ich ein gutes Selbstbild haben möchte. Ich muss mich selbst mögen, ganz egal, ob ich mich mögen sollte oder nicht. *Ich* bin das Zentrum meiner Welt, *ich* verdiene es, glücklich zu sein, und *ich* habe die Verantwortung, mich glücklich zu machen. Ich mag zwar mit meines Nächsten Ehepartner schlafen, aber ich sollte mich selbst gut finden, und dabei meine Beziehungen so gut es geht organisieren.

Aber persönliche Erfüllung lässt sich nicht ohne Engagement für die harten Prinzipien der Treue und der Geradlinigkeit finden, die Gott die Ehre gibt. Die Anbetung der eigenen Person schließt die Anbetung Gottes aus. John Piper schreibt: »Unser tödlicher Irrtum besteht darin zu glauben, dass der Wunsch, glücklich zu werden, darin besteht, dass die Menschen viel von einem halten. Es tut so gut, bestätigt zu werden. Aber das gute Gefühl basiert letztlich auf Selbstwert, nicht auf Gottes Wert. Dieser Weg zum Glück ist eine Illusion.«

Piper sagt weiter, dass niemand den Grand Canyon besucht, um diesen in seinem Selbstwertgefühl zu bestätigen. Das erinnert uns daran, so sagt er, dass »Gesundheit der Seele und das große Glück nicht davon kommen, dass man ein großartiges Bild von sich selbst hat, sondern dass man eine große Pracht und Herrlichkeit sieht.«[11] Oprah spricht in eine Kultur hinein, die so von sich selbst eingenommen ist, dass sie sich gar nicht vorstellen kann, das wirkliche Geheimnis des Glücks bestehe darin, jemand anderen als sich selbst anzubeten. Und doch finden wir in der Anbetung Gottes und in der Unterwerfung unter ihn den echten Weg zum Glück. Lassen Sie es uns von Jesus selbst hören: »Glückselig, die reinen Herzens sind, denn sie werden Gott schauen« (Mt 5,8). Und die berühmten Worte von Augustinus: »O Gott, du hast uns auf dich selbst hin geschaffen, und ruhelos ist unser Herz, bis es Ruhe findet in dir.«

Psychologie ohne Theologie ist auf den Menschen fixierte, füttert unser Ego und vernachlässigt Gott oder setzt ihn herab. Al Mohler schreibt: »Oprahs neu verpackte Positives-Denken-Religion ist maßgeschneidert für die leeren Seelen unseres postmodernen Zeitalters. Sie verspricht Sinn ohne Wahrheit, Annahme ohne Sündenerkenntnis und Erfüllung ohne Selbstverleugnung.«[12]

Ein Evangelium mit Unterhaltungswert kann nicht erlösen.

Warum nicht ein Weg von vielen?

Und nun kommen wir zur Hauptsache von Oprahs zutiefst irreführender Lehre, die sich prima mit dem Lebensstil der Selbstbeschäftigung und der persönlichen exzessiven Selbstverwirklichung in Einklang bringen lässt. Ich werde eine Podiumsdiskussion zusammenfassen, die Oprah über das Thema geführt hat »Spiritualität, Jesus und die Kraft, die man Gott nennt«.

Seien sie beim Lesen äußerst aufmerksam.

Ein Teilnehmer der Diskussion – der offensichtlich für das Christentum argumentierte – sagte, dass es zwei Kräfte in der Welt gebe, nämlich Gott und die Mächte der Finsternis.

Oprah fragte, ob wir uns zwischen den beiden entscheiden könnten, und der Teilnehmer sagte: »Natürlich.«

Oprah sagt dann, dass wir einen Fehler machen, wenn wir glauben, dass es nur einen Weg zu leben gebe, obwohl es doch »verschiedene Wege des Seins in der Welt gebe«.

Der Teilnehmer fragte: »Wie gefallen Sie Gott?«

Oprah antwortet: »Es gibt viele Wege, viele Pfade zu dem, was Sie Gott nennen.« Während sie auf eine andere Teilnehmerin der Runde weist, fährt sie fort: »Und ihr Pfad mag ein anderer sein, auf dem sie dort ankommt – vielleicht nennt sie es Licht –, aber ihre Liebe und ihre Freundlichkeit und ihre Großzügigkeit bringen sie dorthin. Wenn es sie an denselben Punkt bringt wie Sie, ist es gleichgültig, ob sie es unterwegs Gott nennt oder nicht.«

Der Teilnehmer antwortet, dass es nur einen Weg zu Gott gibt, aber Oprah argumentiert, dass es nicht möglich sei, dass es nur einen Weg zu Gott gebe.

Die Diskussion geht weiter und dann stellt Oprah diese provozierende Frage: »*Geht es Gott um Ihr Herz oder geht es Gott darum, dass Sie seinen Sohn Jesus nennen?*«[13]

Das ist eine kritische Frage. Was sie meint ist Folgendes: Ist es möglich, dass das Herz vor Gott gerecht ist, auch wenn man Jesus nicht als den einzigen Weg zu Gott annimmt? Und im Zusammenhang mit der Frage und Oprahs anderen Kommentaren über Jesus ist es ziemlich klar, dass sie eine bestimmte Antwort hören möchte. Mit anderen Worten, wenn wir gute Menschen sind – wenn unsere Herzen gerecht sind –, ist es nicht wichtig, ob wir Gottes Sohn Jesus nennen. Jeder andere Weg würde es auch tun. Solange unsere Herzen gerecht sind, zählt der Inhalt unseres Glaubens nicht sehr viel.

Oprah steht für die New-Age-Interpretation von Jesus, die ihn als wundervolles Vorbild, als Propheten und Lehrer darstellt – und vielleicht sogar als Retter. Aber wenn er ein Retter ist, dann einer von vielen. Er mag *mein* Retter sein, aber er muss nicht unbedingt *dein* Retter sein. Er ist nicht der Herr der Herren, sondern ein Herr unter anderen Herren. Das ist der Jesus, den wir wählen können, der uns zu nichts verpflichtet.

Wenn wir dieser Argumentation folgen, heißt das, wir können uns Gott auf eigene Faust nähern, solange wir die richtige Herzenshaltung haben. Gott interessiert sich dafür, ob wir gute Menschen sind, und nicht dafür, ob wir in der richtigen Beziehung zu Jesus stehen. Bei Gott zählt die Qualität unseres Lebens, nicht der Inhalt unseres Glaubens.

Hier wird letztendlich das zentrale Anliegen des christlichen Glaubens brüskiert: Gibt es mehrere Wege zu Gott, oder ist Jesus der einzige Weg? Wäre es nicht religiös intolerant zu behaupten, dass Jesus der einzige Weg zum Vater sei? Warum können wir nicht einfach sagen, dass Gott sich mehr für unser Herz als für unseren Glauben interessiert?

Auf den folgenden Seiten werde ich darstellen, warum es keine verschiedenen Wege zu Gott gibt und gar nicht geben kann. Aus Gründen, die ich verdeutlichen will, fehlt allen anderen Gurus und Propheten die Qualifikation, die man braucht, um Retter zu sein. Es gibt zwingende Gründe dafür, dass es nur einen Mittler zwischen Gott und Mensch gibt.

Jesus ist der einzige Weg, weil:

Die Natur der Sünde es fordert

Ich fange mit der Lehre von der Sünde an, weil sie die Grundlage der Diskussion ist, ob Jesus nur einer unter vielen verschiedenen Wegen zu Gott ist oder nicht. Wenn die Sünde wegdefiniert wird – wenn es heute die einzige Sünde ist, zu viel Schokolade zu essen, dann ist die eine Religion so gut wie die andere. Aber je ernster wir Sünde nehmen, desto verzweifelter brauchen wir einen Retter.

Unsere Kultur behauptet, dass es viele Wege zu Gott gebe, weil wir die Fähigkeit verloren haben, unsere Sünde zu verabscheuen. Der Zeitgeist ermutigt uns nicht dazu, jemandem moralisches Versagen vorzuhalten, und ganz besonders ermutigt der Zeitgeist niemanden, sich selbst Versagen einzugestehen. Cornelius Platinga Jr. weist darauf hin, dass Stolz heute nicht mehr als Untugend angesehen, sondern eher gelobt und kultiviert wird. Unsere Liste mit Tugenden und Lastern, sagt er, ist auf nur zwei zusammengeschrumpft – Toleranz und Intoleranz.[14] Die Leute sind schon noch bereit, moralische Urteile zu fällen, aber nur über diejenigen, die moralische Urteile fällen. Sie sagen z. B.: »Es ist immer falsch, ein moralisches Urteil zu fällen.«[15]

Die Bibel beschreibt uns in unserem natürlichen Zustand sowohl als Sünder von Natur aus wie auch als Sünder aus eigenem Entschluss. Und unser Gewissen stimmt dem zu. In einem stillen Augenblick wissen wir alle, dass wir sündig sind – ausgesprochen sündig. Erst vor kurzem saß ich im Flugzeug neben einem Mann, der mir erzählte, dass er der Meinung sei, es aufgrund seiner Verdienste auf seine eigene Weise in den Himmel zu schaffen. Ich frage ihn, ob seine Verdienste auch seine Gedanken einschließen würde – und was passierte, wenn seine Gedanken auf einem Großbildschirm erscheinen würden, so dass alle seine Kollegen und Freunde aus der Kirche sie sehen könnten. Er sagte, dann würde er lieber allein auf einer Insel leben! Und mir geht es genauso!

Ehrlich gesagt sind wir selbst nicht in der Lage, den wahren Zustand unserer Seele einzuschätzen. Wir sind so besessen davon, uns selbst zu schützen und uns groß zu machen. Wir sehen sehr gut die Sünden anderer, aber unseren eigenen gegenüber sind wir ziemlich blind. Wir sind wie der Junge, der seiner Mutter erzählte, dass er drei Meter groß sei – mit dem Zollstock gemessen, den er sich selbst gebastelt hatte.

Sünde ist eine tödliche Last für die Seele. Wenn wir uns selbst überlassen sind, dann sind wir wirklich verloren und nicht in der Lage, uns selbst von dem Fluch zu befreien. Christen messen Sünde nicht daran, indem sie einen Menschen mit einem anderen vergleichen, oder daran, wie positiv wir uns selbst sehen. *Christen messen die Ernsthaftigkeit der Sünde nach dem Leiden, das nötig war, um für die Sünde Sühne zu schaffen.*

Mehr dazu später.

Die Heiligkeit Gottes verlangt es

Was wir über Gott denken, sagt A. W. Tozer, ist das Wichtigste in unserem Leben. Deshalb muss ich Sie fragen, was Sie über Gott denken.

Wenn wir glauben, dass der Allmächtige einfach nur eine bessere Version von uns selbst ist, dann werden wir uns keine großen Sorgen wegen der Sünde machen. Wir werden sagen, dass wir schon in Ordnung sind. Aber wenn wir den Gott der Bibel annehmen, dessen schonungslose Heiligkeit und Gerechtigkeit erfüllt werden muss, damit wir in seiner Gegenwart bestehen können, dann wissen wir, dass das Eingreifen Gottes notwendig ist, damit wir von dem zukünftigen Zorn errettet werden.

Lassen Sie uns zwei wichtige Warnungen anschauen, die in der Bibel aufgezeichnet wurden. Das erste Gebot ermahnt uns, dass wir vor den richtigen Gott treten müssen: *»Du sollst keine anderen Götter neben mir haben«* (2Mo 20,3). Mit anderen Worten, wir können nicht Gott umformen, so dass er jemand oder etwas ist, das unseren eigenen Wünschen und Begabungen entspricht.

Die zweite Ermahnung lautet, dass wir uns dem richtigen Gott auf die richtige Weise nähern müssen. Schon früh standen Kain und Abel für zwei Wege, sich Gott zu nähern. Abel brachte das richtige Opfer durch den Glauben, aber sein Bruder brachte sein eigenes Opfer in einer Haltung selbstgerechter Ansprüche. Sie kennen den Rest der Geschichte: Kain ermordete Abel, weil er eifersüchtig darauf war, dass Gott seinen Bruder angenommen hatte. Beide kamen zum richtigen Gott, aber nur einer kam auf die rechte Weise. *Gott hat das Recht uns vorzuschreiben, wie wir zu ihm kommen sollen.*

Unsere größte Versuchung besteht darin, uns einen Gott zu schaffen, der so ist wie wir: der vergibt, alles einbezieht und unendlich tolerant ist. Weil wir uns gern schnell selbst entschuldigen, meinen wir, auch Gott sei ganz vergebungsbereit, ganz gleich, was wir tun oder glauben. Solange wir aus den ausgeteilten Karten »das Beste machen, was wir können, wird er uns annehmen«. Es ist bekannt, dass wir gerne Wahrheiten unterdrücken, die wir nicht mögen. Es ist uns ganz gleich, ob wir Gott damit traurig machen.

Aber Gott – der Gott der Bibel – ist makellos gerecht. Er kann die Vergangenheit nicht einfach auf sich beruhen lassen. Sünde ist eine persönliche Beleidigung für diesen persönlichen Gott; und für Sünde muss Rechenschaft abgelegt werden. Erst kommt die

Genugtuung, dann die Versöhnung. Um es offen, aber biblisch auszudrücken: Der Zorn Gottes über unsere Sünde muss abgewendet werden, und jemand anders muss unseren Platz einnehmen – jemand, der die Last von Gottes gerechtem Zorn auf die Sünde tragen kann; jemand, der qualifiziert ist, uns die Gerechtigkeit zu schenken, die Gott akzeptiert. Donald McCullough schreibt:

> »Vor andere Götter kann man zuversichtlich treten, ohne das Gefühl zu haben, bedroht zu werden. Sie werden sich nicht rühren, sie werden nicht den Ort verlassen, den ihnen ein menschliches Ego, das verzweifelt versucht, die Kontrolle zu behalten, zugewiesen hat. Aber der Gott, der in Jesus Christus offenbart worden ist, ist heilig, und einen heiligen Gott kann man nicht beschränken oder zähmen.«[16]

Alle anderen Religionen haben ein mangelndes Verständnis von Gott und können deshalb den Ernst der Sünde nicht verstehen. Weil sie kein Mittel gegen die Sünde haben, nehmen sie sie leicht und ermahnen uns, es besser zu machen und zu versuchen, unser Verhalten zu verändern. Wenn es um Kriminelle geht, die ihr Leben und das von anderen Menschen zerstört haben, haben andere Religionen wenig zu sagen, außer vielleicht von Gottes Barmherzigkeit zu sprechen. Aber wenn man hartnäckig weiterfragt, geben sie zu, dass sie keinen echten Grund für die Annahme haben, dass Gott uns vergibt, und so haben sie nur eine schwache Hoffnung auf Annahme und Versöhnung anzubieten.

Als sich eine Professorin zum Christentum bekehrte, fragten ihre Kollegen sie: »Warum das Christentum? Warum nicht

Buddhismus oder Hinduismus?« Sie antwortete offen: »Keine andere Religion hat eine Lösung für meine Sünde.« Und das stimmt. Buddha hat nicht behauptet, ein Retter zu sein, auch Krishna nicht oder Mohammed, von dem es heißt, dass er sich noch nicht einmal seiner eigenen ewigen Rettung sicher war.

Je mehr wir versuchen, auf eigene Faust die Sünde loszuwerden, desto beharrlicher ist ihre Kraft und ihre Betrügerei. Wir brauchen dringend das Eingreifen eines Retters, der die Fähigkeit hat, uns zu retten.

Das Opfer Jesu verlangt es

Wie vollkommen müssen Sie sein, damit Gott Sie annimmt? Fragen Sie den Durchschnittsbürger, dann wird er etwa sagen: »Nun ja, nicht zu vollkommen, denn Gott vergibt uns.« Ja, Gott vergibt uns, aber die biblische Antwort lautet: *Du musst so vollkommen sein wie Gott, und wenn du das nicht bist, dann denke nicht einmal daran, dass du in Gottes Himmel willkommen geheißen wirst!*

Natürlich muss das so sein. Die Heiligkeit Gottes ist unbeugsam, sie wird nie weniger und stellt immer ihre Forderungen. Ja, die einzige Heiligkeit, die Gott akzeptiert, ist seine eigene. Unsere Tugendhaftigkeit – gleichgültig, worin immer sie bestehen mag – reicht erschreckenderweise niemals aus, um Gottes Forderung zu erfüllen. »*Alle haben gesündigt und erlangen nicht die Herrlichkeit Gottes*« (Römer 3,23). Die Herrlichkeit Gottes ist der Maßstab, nicht unsere Tugend.

Lassen Sie mich das erklären. Wenn wir so vollkommen sein müssen wie Gott, damit er uns annehmen kann, dann haben wir offensichtlich ein Problem! Es gibt einen eindeutigen Unterschied zwischen unserer Tugendhaftigkeit und Gottes absoluter Tugend, der Tugend (oder Heiligkeit), die ein unverzichtbarer Teil seines Wesens ist. Zwischen ihm und uns besteht eine unendliche Kluft. Wie kann man diese nun überbrücken? Wir brauchen eine Art von Gerechtigkeit, die wir selbst nicht haben!

Der einzige, der qualifiziert dazu ist, dies für uns zu leisten, ist Jesus. Als Mensch vertritt er uns vor Gott, aber als Gott (die zweite Person der Trinität), kann er uns schenken, was Gott fordert. Die Bibel verspricht uns, dass uns durch den Glauben an das Opfer, das Jesus am Kreuz dargebracht hat, seine Gerechtigkeit angerechnet wird. So können wir durch ihn in Gottes Gegenwart stehen und *von ihm empfangen werden, als ob wir Jesus wären!*

Fassen wir das alles zusammen: Gottes Wesen verlangt, dass für Sünde bezahlt werden muss, entweder vom Sünder oder von jemandem, der an seiner Stelle steht. Unsere eigene Sünde ist so ernst, dass wir ewig in der Hölle leiden müssten, wenn wir selbst dafür bezahlen müssten. Aber Jesus, die zweite Person der Trinität, kam auf diese Erde, um stellvertretend für uns zu sterben, und erlitt unsere ewige Strafe in den sechs Stunden am Kreuz. Nun nimmt er nicht nur unsere Sünden weg, sondern schenkt uns auch seine Gerechtigkeit – genau die Gerechtigkeit, die nötig ist, damit Gott uns annehmen kann. Wenn Sie mir so weit gefolgt sind, dann wissen Sie, dass Gott von uns vollkommene Heiligkeit verlangt und dass *Gott* in Jesus *das zur Verfügung stellt, was er verlangt!*

Es gibt eine Geschichte von einem Richter, der von einem Angeklagten, der das Geld nicht besaß, zweihundert Dollar verlangte. Dann verließ der Richter seinen Richterstuhl, legte seine Robe ab und stellte sich neben den Angeklagten. Anschließend holte er aus seiner eigenen Tasche das Geld heraus und legte es auf den Tisch. Dann legte der Richter seine Robe wieder an, setzte sich an den Verhandlungstisch und griff nach dem Geld, das er selbst dorthin gelegt hatte. Dann sagte er zu dem verblüfften Angeklagten: »Sie können gehen, die Strafe ist bezahlt worden!«

Genauso verließ Jesus den Himmel, stellte sich neben uns, zahlte die Schuld, die wir nicht begleichen konnten, und jetzt haben wir diese Verheißung: *»So viele ihn aber aufnahmen, denen gab er das Recht, Kinder Gottes zu werden«* (Joh 1,12).

Verstehen Sie nun, warum es keine verschiedenen Wege zu Gott geben kann? Nur Gott kann uns zur Verfügung stellen, was er selbst verlangt; nur Jesus hat die Fähigkeit zu erretten. Es gibt viele Gurus und Propheten, aber es gibt nur einen Retter, der die Kluft zwischen Gott und uns überbrücken kann, und zwar ausschließlich zu Gottes Bedingungen!

Wir können uns nicht selbst eine Beziehung zu Gott vermitteln. Gott muss seinen eigenen Vermittler zur Verfügung stellen, um uns zusammenzubringen. Dieser Vermittler, Jesus, ist einer von uns, weil er Mensch war, aber er ist auch eins mit Gott, weil er selbst Gott ist.

Denken Sie nur, wie bemerkenswert das ist. Im Alten Testament brachten Priester Opfer für das Volk dar. Die Priester brauchten selbst genauso ein Opfer wie das Volk, das sie vertraten. Aber als Jesus kam, um uns zu erlösen, wurde er als Priester gleichzeitig zum Opfer! Er opferte kein Lamm, sondern er opferte sich selbst um unseretwillen. Ein Opfer muss, wenn es wirksam sein soll, der Sünde entsprechen, für die es dargebracht wird. Und weil sich Sünde gegen ein unendliches Wesen richtet, muss das Opfer – in diesem Falle Jesus – von unendlichem Wert sein. Das Christentum betont, dass Jesus schrecklich leiden musste, weil die Sünde so schrecklich ist.

Wenn wir fragen, warum Gott nur Jesus akzeptiert, dann lautet die Antwort, dass das Wesen Gottes dies verlangt. Nur Jesus kann den Fluch von uns nehmen und uns sicher in die Gegenwart Gottes bringen.

In einer verurteilten Welt befinden wir uns nicht in der Position, in der wir unseren eigenen Weg zu Gott finden könnten, und wir sollten dankbar sein, dass es überhaupt einen Weg gibt – auch wenn es nur ein einziger ist. Wir meinen, dass es viele Wege zu Gott geben müsse, weil wir unsere Fähigkeit verloren haben, die Sünde zu verurteilen. Und Widerstand gegen die Erlösung zählt auch als Sünde und zeigt oft eine besondere Perversion.[17]

Zurück zu Oprahs Frage

Lassen Sie uns zu Oprahs Frage zurückkehren: Ist Gott mehr an unserem Herzen interessiert oder an seiner Forderung, dass wir seinen Sohn *Jesus* nennen? Die Antwort lautet: Gott ist an unserem Herzen interessiert – es bildet den Mittelpunkt seiner Aufmerksamkeit, aber wir können kein reines Herz haben, *es sei denn* wir nennen seinen Sohn *Jesus*.

Selbsterlösung funktioniert bei Sündern nicht. Wenn man versucht, einen schmutzigen Brunnen mit Wasser aus dem gleichen Brunnen zu reinigen, wird er nie sauber werden. Zu meinen, dass wir durch unsere eigenen Bemühungen in der Lage sind, unsere Herzen zu reinigen, ist wirklich dumm. Einige Menschen sind dafür bekannt geworden, dass sie ihre Sünde im Fernsehen öffentlich bekannt haben, und hofften, dass dieses Erlebnis eine *Katharsis* hervorbringen würde, eine Reinigung des Herzens, weil die Vergehen der Vergangenheit für alle sichtbar wurden. Aber Bekenntnis vor anderen Menschen reinigt das Herz nicht, denn das ist eine Aufgabe, die nur Gott bewältigen kann. Schon im Alten Testament sagt Gott: »*Und ich werde reines Wasser auf euch sprengen, und ihr werdet rein sein; von all euren Unreinheiten und von all euren Götzen werde ich euch reinigen. Und ich werde euch ein neues Herz geben und einen neuen Geist in euer Inneres geben*« (Hes 36,25-26).

Im Neuen Testament ist uns verheißen, dass das Opfer Jesu »*euer Gewissen von toten Werken reinigt, damit ihr dem lebendigen Gott dient*« (Hebr 9,14). Wenn wir uns selbst überlassen sind, können wir ein Herz haben, das Gutes tut, aber wir können kein gereinigtes Herz haben, das Gott mehr liebt als sich selbst.

Wie mir einmal eine Frau gesagt hat: »Ich kann keine Stahlwolle nehmen, um damit mein Herz zu schrubben!« Nein, sie kann es nicht, und wir können es auch nicht. Sie braucht einen vergebenden Gott, der tief in ihre Psyche hinabsteigt und ihr Innerstes reinigt. Ich bin dankbar, dass sie Gottes Sohn angenommen hat, damit er es für sie tut.

Wenn sie Christus noch nicht als Retter und Erlöser angenommen haben, dann wäre jetzt eine gute Gelegenheit, es zu tun.

Vater,
Ich danke Dir, dass Jesus am Kreuz starb, so dass ich Vergebung bekommen kann und Du mich annehmen kannst.
Heute nehme ich Dich als den an, der meine Sünde trägt.
Ich erkenne an, dass Jesus an meiner Stelle gestorben ist.
Ich bete nicht nur, dass Du mir meine Sünden vergibst, sondern auch, dass Du mein Herz reinigst und mir ein neues Verlangen nach Dir und nach Heiligung schenkst.

Ich vertraue mich dir an, so gut ich es vermag, für heute
und in Ewigkeit,
Amen.

Einen Jesus finden, dem Sie vertrauen können

»Enthüllung der größten Verschleierungsversuchs-Geschichte«

So lautet der Untertitel (des amerikanischen Originals) von Michael Baigents Buch *Verschlusssache Jesus*, das angeblich einen alternativen Bericht über die Frühzeit des Christentums liefert. Insbesondere glaubt Baigent, dass Jesus mit Maria Magdalena verheiratet gewesen und der Kreuzigung entgangen sei; außerdem habe er seine verbleibende Zeit in einem Kloster in Ägypten verbracht. Wie das Buch *Sakrileg* enthält es größtenteils Fiktion – mit dem Unterschied, dass Baigent sein Buch präsentiert, als enthalte es nüchterne historische Fakten. Schon auf den ersten Seiten beginnt seine Flucht vor der Wirklichkeit, und er führt ein langwieriges, fantasiereiches Szenario bis ans Ende fort.

Der englische Titel *The Jesus Papers* (Die Jesus-Dokumente) bezieht sich auf zwei Briefe auf Papyrus, die entdeckt wurden, als ein Mann in der Nähe des Tempelbereiches in Jerusalem einen Keller aushob. Der Verfasser dieser Briefe behauptet, der Messias der Kinder Israel zu sein. Er erklärt, dass er nicht Gott ist, aber dass der Geist Gottes in ihm ist, und dass »jeder, der sich so mit dem Geist erfüllt fühle, ebenfalls ein ›Sohn Gottes‹ sei.«[1]

Obwohl Baigent den Eigentümer überreden konnte, ihm die Briefe zu zeigen, war er nicht in der Lage, sie zu entziffern, da er kein aramäisch kann. Und obwohl kein anderer Gelehrter diese Dokumente gesehen oder übersetzt hat, ist Baigent überzeugt, dass sie, wenn man sie übersetzte, das historische Christentum zerstören würden.

Da haben wir es also: Ein nicht übersetztes Manuskript, zu dem kein Gelehrter Zugang hat, wird eines Tages die Welt erschüttern und beweisen, dass alles falsch ist, was wir über Jesus wissen! Offensichtlich muss man dieses Dokument nicht wissenschaftlich überprüfen, weil Baigent schon im Voraus zu wissen scheint, dass es zuverlässiger ist als die ursprünglichen Quellen. Das erinnert mich an Winston Churchill, der gesagt haben soll, dass der Wunsch, etwas zu glauben, häufig das rationale Denken und die Beweise wettmacht.

Dies ist ein klares Beispiel dafür, wie viele Gelehrte heute dazu bereit sind, unsicheren (oder schlechteren) Beweisen wie etwa den gnostischen Evangelien den Vorzug gegenüber den erstrangigen Quellen Matthäus, Markus, Lukas und Johannes zu geben. Stellen Sie sich vor, wenn man dieses Prinzip auf andere Lebensbereiche übertragen würde. Stellen Sie sich vor, ein Verbrechen ist begangen worden, und Sie haben vier Zeugen, die im Wesentlichen dieselbe Geschichte erzählen. Selbst im Kreuzverhör stimmen sie alle überein. Aber Sie sind mit dem Endergebnis unzufrieden und wollen die Aussagen der Zeugen entkräften. Deshalb befragen sie Menschen, die keine Augenzeugen waren, sondern Jahre nach der Tat geboren wurden. Dann denken Sie sich auf der Basis *dieser* Zeugenaussagen ihre Theorie darüber aus, was geschehen sein *könnte*. Dann springen Sie von dem, was geschehen sein *könnte* zu der Annahme, dass es wirklich geschehen *ist*, und schon haben Sie ein völlig anderes Szenario. Sie verbreiten nun diese Version als angeblich unterdrückte Geschichte von dem, was *wirklich* geschehen sei.

Da Sie beschlossen haben, sich von den ursprünglichen Quellen zu lösen, können Sie nun die Geschichte ganz nach Ihrem Belieben und Ihrem Gefallen neu schreiben. Natürlich benutzen Sie die ursprünglichen Quellen, wenn diese Ihre Auffassung unterstützen, und Sie verwerfen sie, wenn sie Ihrer Theorie widersprechen. Besser, man glaubt einem nicht übersetzten, unzugänglichen Manuskript als bekannten Dokumenten, die schon viele Jahrhunderte lang geprüft worden sind. Die Logik ist unausweichlich: Wenn es läuft wie eine Ente, quakt wie eine Ente und Enteneier legt, dann muss es sich offensichtlich um ein *Kamel* handeln!

Die Faktenlage

Ob es Ihnen gefällt oder nicht, die besten Zeugen, die wir für die Tage der urchristlichen Gemeinde haben, sind die Manuskripte des Neuen Testamentes. Diese Dokumente wurden zerlegt, ins Abseits geschoben und von denen als unglaubwürdig dargestellt, die die Wunder und den Anspruch Jesu nicht wahr haben wollen, und doch liegen sie da, bereit für die härtesten Tests.

Es gibt zwingende Gründe, warum man zwischen den Jesus der Evangelien und den historischen Jesus keinen Keil treiben kann. Es gibt ein Seil – keinen Faden, sondern ein Seil aus vielen Einzelfäden –, das uns von den Anfängen der christlichen Gemeinde bis zurück zu Jesus führt, wie er in den Evangelien dargestellt wird. Die Evangelien sind mit den Ereignissen säkularer Geschichte so sehr verwoben, dass Sie, wenn Sie an die Realität der einen glauben, gute Gründe dafür haben, an die der anderen auch zu glauben.

Lassen Sie uns einige historische Überlegungen anstellen.

Als Erstes denken Sie einmal daran, dass das Leben Jesu in einer Zeit stattfand, in der es noch andere religiöse und politische Figuren gab: Johannes den Täufer, Kaiser Tiberius, Pilatus,

Herodes Antipas und die Hohenpriester Hannas und Kaiphas. Dies wird bedeutsam durch die Tatsache, dass wir über alle diese Menschen ausführliche Berichte in der säkularen Literatur finden. Wenn wir die Begegnungen untersuchen, die Jesus mit diesen Menschen hatte, dann stellen wir als Erstes fest, dass wir seinen Dienst und seinen Wandel fest im historischen und geografischen Kontext Galiläas verankern können. Zweitens, dass wir in der Lage sind, die Verlässlichkeit der Evangelienberichte zu beweisen, indem wir zeigen, wie sie zu den säkularen Zeugnissen dieser Zeit passen.

Aus den säkularen Quellen erfahren wir folgende Fakten: Jesus lebte während der Herrschaft von Kaiser Tiberius, er wirkte Wunder, er hatte einen Bruder namens Jakobus, er wurde als Messias bejubelt und unter Pontius Pilatus gekreuzigt. Am Vorabend des jüdischen Passahfestes wurde er gekreuzigt. Als er starb fanden eine Finsternis und ein Erdbeben statt. Seine Jünger glaubten, dass er von den Toten auferstanden sei, und sie waren bereit, für ihren Glauben zu sterben. Sie leugneten die römischen Götter und beteten Jesus als Gott an.[2] Dies sind überzeugende Beweise dafür, dass die Evangelien des Neuen Testamentes mit den Informationen übereinstimmen, die uns nichtchristliche Autoren liefern.

Denken Sie auch daran, dass die Schriften des Paulus, die zu den ältesten Büchern des Neuen Testamentes gehören, davon ausgehen, dass die Gemeinden die verschiedenen Lehren Jesu kannten. Mit anderen Worten, obwohl die Briefe vor den Evangelien geschrieben worden sein könnten (1. Korinther z. B. wurde etwa um das Jahr 52 geschrieben, während die meisten Gelehrten davon ausgehen, dass Matthäus einige Jahre später verfasst wurde), setzen sie die Lehren Jesu voraus, wie sie später in den Evangelien aufgezeichnet wurden. Entgegen populärer Spekulation gibt es keine Möglichkeit, dass Paulus die Lehren der Urgemeinde geändert hätte und dann erwarten konnte, dass die ersten Gläubigen ihm geglaubt hätten. Sie glaubten, was er schrieb, weil seine Lehre mit dem übereinstimmte, was sie schon wussten.

Zweitens klingt es sehr unglaubwürdig, dass die Apostel anfangs den historischen Jesus nur als Menschen gekannt haben sollen und dass sie dann später beschlossen, ihn zum Gott zu erheben und ihn als den einzigartige Sohn Gottes zu verkünden, der Wunder gewirkt hat und von den Toten auferstanden ist. Als Petrus zu Pfingsten öffentlich predigte, verkündigte er denselben Jesus, den er und die anderen Jünger als seine Nachfolger kennengelernt hatten. Er hat nicht in ehrlichem Bemühen die Geschichte ausgeschmückt, um jemanden zu schaffen, an den er glauben konnte. In einer durchdachten Botschaft, die es wert ist, sorgfältig analysiert zu werden, sagte er:

> *»Männer von Israel, hört diese Worte: Jesus, den Nazoräer, einen Mann, der von Gott euch gegenüber erwiesen worden ist durch Machttaten und Wunder und Zeichen, die Gott durch ihn in eurer Mitte tat – **wie ihr selbst wisst** –, den hat Gott auferweckt, nachdem er die Wehen des Todes aufgelöst hatte, wie es denn nicht möglich war, dass er von ihm behalten würde. Diesen Jesus hat Gott auferweckt, **wovon wir alle Zeugen sind**. Nachdem er nun durch die Rechte Gottes erhöht worden ist und die Verheißung des Heiligen Geistes vom Vater emp-fangen hat, hat er dieses ausgegossen, was ihr seht und hört«* (Apg 2,22.24.32-33, Hervorhebung durch den Verfasser).

Man kann es nicht stark genug betonen: Der historische Jesus und der Jesus des Glaubens sind ein und dieselbe Person! Petrus hat sich nicht eine neue Theorie darüber ausgedacht, wer Jesus war, sondern verkündigte einfach den Christus, den er kannte; und zwar einem Publikum, das sich der Wunder Jesu, die er unter ihm gewirkt hatte, ganz bewusst war. Einen Menschen zum Gott zu erheben, war die schlimmste Gotteslästerung (2Mo 20,3), aber Jesus bewies den Skeptikern, dass er würdig war, sowohl als Herr als auch als Christus angebetet zu werden.

Die Ursprünge des Christentums sind nicht mystisch, sie wurzeln nicht in der glänzenden Hoffnung, dass man einen einfachen Menschen zu Gott machen könnte. Der Jesus, der von der Urgemeinde verkündigt wurde, ist derselbe Jesus, der in Bethlehem geboren wurde, über diese Erde wandelte und in der Stadt Jerusalem gestorben und wieder auferstanden ist. Er ist derselbe Jesus, dessen Worte und Taten seine Anhänger überzeugten, dass er der langerwartete Messias sei.

Die Zeitspanne

Es wird oft der Einwand gebracht, dass zwischen dem Dienst Jesu und der Niederschrift der Evangelien eine längere Zeitspanne bestand. Wenn Jesus im Jahr 33 gekreuzigt worden ist, und die Evangelien erst fünfundzwanzig oder dreißig Jahre später niedergeschrieben wurden, ist es da nicht möglich, dass sich in der Zwischenzeit radikale Unterschiede ergeben haben zwischen dem, was Jesus wirklich getan und gesagt hat, und dem, was später aufgeschrieben worden ist? Könnten die Berichte nicht ausgeschmückt worden sein? Und wenn nicht, was haben die Gläubigen während dieser langen Zeit getan, als es keine schriftlichen

Aufzeichnungen gab und viele, die Jesus noch gekannt hatten, starben?

Die Antwort besteht drin, die religiöse Kultur dieser Zeit zu verstehen. Es war damals bei den Rabbis üblich, ihre Lehren sorgfältig an ihre Schüler weiterzugeben, die dann an dem festhielten, was gesagt worden war. Diese Schüler wiederum haben dieselben Lehren der nächsten Generation weitergegeben, und so weiter. Man gab sich die größte Mühe sicherzustellen, dass die genauen Worte weitergegeben wurden, die man auch empfangen hatte. Rabbi Elieser Ben Hyrkanos erklärte: »Ich habe in meinem Leben nie etwas gesagt, was ich nicht von meinen Lehrern gehört hätte.«[3] Ja, es hieß, dass jemand, der ein einziges Wort der ihm anvertrauten Schrift vergaß, dies so werten solle, als habe er seine Seele verloren.

Jesus hat seine Lehren oft in eine Form gekleidet, die sich gut merken lässt, etwa in Aphorismen, Reime, Dichtung und Parallelismen. Das half dabei, sie unverändert zu erhalten. Sicherlich ist es auch möglich, dass die Nachfolger Jesu schriftliche Aufzeichnungen hatten, ehe die vier Evangelien geschrieben worden waren. Solch eine Sammlung, zu der schließlich auch die vier Evangelien in ihrer endgültigen Form zählten, hätte in der Urgemeinde verbreitet werden können.[4] Lukas hat sogar in seiner Einleitung gesagt, dass sein Evangelium auf Augenzeugenberichten und anderen schriftlichen Berichten beruht (Lk 1,1-3).

Während der typische Rabbi einen einzigen Schüler hatte, wählte Jesus zwölf. Und weil kein Rabbi im Judentum so wichtig war wie Jesus im Christentum, wurde sicherlich besondere Sorgfalt auf die Berichte seiner Taten und Worte verwandt. Jesus stellte sicher, dass seine Schüler so ausgebildet wurden, dass sie *seine* Botschaft in die Welt trugen, und nicht ihre eigene. Sie formulierten verschiedene Zusammenfassungen seines Lebenslaufes und seiner Lehren, die sie predigten.

Der Rabbi, der für sich selbst sprach

Jesus unterschied sich sehr von den Rabbis seiner Zeit, die sorgfältig darauf achteten, nur das zu wiederholen, was sie gelehrt worden waren – oft vermengt mit jahrhundertealten irreführenden Interpretationen und Traditionen. Aber Jesus sprach für sich selbst. Mit einer Autorität, die seine Zuhörer reizte, sagte er: »*Ihr habt gehört, dass gesagt ist ... Ich aber sage euch ...*«

Die Pharisäer, die Jesu Lehren hörten, trauten kaum ihren Ohren. Als Mensch, der vielleicht dreißig Jahre alt war, behauptete er, der Messias zu sein, und verhieß denen, die an ihn glaubten, das ewige Leben. Das schienen die Worte eines Verrückten zu sein. Johannes 8 gibt uns einen interessanten Einblick in ihre Reaktion auf Jesus.

»*Die Juden antworteten und sprachen zu ihm: Sagen wir nicht recht, dass du ein Samariter bist und einen Dämon hast?*

Jesus antwortete: Ich habe keinen Dämon, sondern ich ehre meinen Vater, und ihr verunehrt mich. Ich aber suche nicht meine Ehre: Es ist einer, der sie sucht und der richtet. Wahrlich, wahrlich, ich sage euch: Wenn jemand mein Wort bewahren wird, so wird er den Tod nicht sehen in Ewigkeit.

Die Juden sprachen nun zu ihm: Jetzt erkennen wir, dass du einen Dämon hast. Abraham ist gestorben und die Propheten, und du sagst: Wenn jemand mein Wort bewahren wird, so wird er den Tod nicht schmecken in Ewigkeit. Bist du etwa größer

*als unser Vater Abraham, der gestorben ist? Und die Propheten
sind gestorben. Was machst du aus dir selbst?*

*Jesus antwortete: Wenn ich mich selbst ehre, so ist meine
Ehre nichts; mein Vater ist es, der mich ehrt, von dem ihr sagt:
Er ist unser Gott. Und ihr habt ihn nicht erkannt, ich aber
kenne ihn; und wenn ich sagte: Ich kenne ihn nicht, so würde
ich euch gleich sein: ein Lügner. Aber ich kenne ihn, und ich
bewahre sein Wort. Abraham, euer Vater, jubelte, dass er
meinen Tag sehen sollte, und er sah ihn und freute sich.*

*Da sprachen die Juden zu ihm: Du bist noch nicht fünfzig
Jahre alt und hast Abraham gesehen?*

*Jesus sprach zu ihnen: Wahrlich, wahrlich, ich sage euch:
Ehe Abraham war, bin ich«* (Joh 8,48-58).

Die Juden wussten, dass Jesus oft den Anspruch erhoben hatte,
Gott zu sein. Jetzt verstanden auch die Ungläubigsten, dass seine
Worte auf keine andere Weise zu interpretieren waren. Er hatte
sich selbst mit dem »*Ich bin*« identifiziert, mit Jahwe, der Mose im
brennenden Dornbusch erschien (2Mo 3,14).

Nun, wenn er nicht Gott war, sondern stattdessen nur ein
Mensch, dann war dies die schlimmste Form der Gotteslästerung.
Deshalb taten die Juden, was sie mit Gotteslästerern tun sollten
– sie sammelten Steine, um ihn zu steinigen. Kein Wunder, dass
Jesus solche Aufregung verursachte!

Und was machen wir mit dieser Aussage Jesu: »*Denn wie der
Vater die Toten auferweckt und lebendig macht, so macht auch der
Sohn lebendig, welche er will. Denn der Vater richtet auch niemand,
sondern das ganze Gericht hat er dem Sohn gegeben, damit alle den
Sohn ehren, wie sie den Vater ehren. Wer den Sohn nicht ehrt, ehrt
den Vater nicht, der ihn gesandt hat«* (Joh 5,21-23).

Jeden Tag sprach Jesus Worte, die nur Gott sprechen konnte, und er tat Taten, die nur Gott tun konnte. Ein Prophet mochte einige Wunder tun, aber nur Gott kann Sünden vergeben. Nur Gott kann Menschen nach ihrem Tod richten. Jesus behauptete nicht, ein irgendwie niedrigerer Gott zu sein – er behauptete, Jahwe zu sein, der allmächtige und allgegenwärtige Gott des Alten Testamentes.

Die Gottheit Jesu reißt eine deutliche und unüberbrückbare Kluft zwischen dem Christentum und anderen Religionen. Aus seinem Anspruch folgt, dass andere Religionen logischerweise nicht behaupten können, er sei nur einer von vielen Propheten. Auf die Behauptung, dass er Gott ist, folgte sein Anspruch der Exklusivität. Nachdem Jesus seinen Jüngern gesagt hatte, dass er sie verlassen würde, stellte Thomas ihm eine Frage: »*Herr, wir wissen nicht, wohin du gehst. Und wie können wir den Weg wissen?*« (Joh 14,5).

Christus antwortet ihm genau darauf bezogen: »*Ich bin der Weg und die Wahrheit und das Leben. Niemand kommt zum Vater als nur durch mich*« (Joh 14,6).

Alle Versuche, diesen Vers umzuinterpretieren, seine Bedeutung abzuschwächen, sind gekünstelt. Sie versagen, weil die Worte so klar sind und so sehr zu den anderen Lehren Christi passen.

Unsere Welt ist erfüllt von selbsternannten Führern, die behaupten, etwas zu wissen, was der Rest von uns nicht weiß. Hunderte Irrlehrer haben sich eine Gefolgschaft gesammelt, aber letztendlich konnte man beweisen, dass sie genauso fehlbar waren wie diejenigen, die ihnen gefolgt sind. Der Tod beweist, dass sie genauso den Beschränkungen der Menschheit unterliegen wie der Rest von uns.

Als Jesus sagte: »*Niemand kommt zum Vater als nur durch mich*«, hat er die Pforte enger gemacht, er baute einen Zaun entlang der Straße und wies auf das Ziel des Weges hin. Wir haben kein Recht zu versuchen, die Torpfosten einzureißen, die Straße breiter zu machen oder ein Ziel nach unseren Wünschen zu wählen. Alle anderen Pfade führen woanders hin, sie führen vom Vater weg, nicht auf ihn zu.

Jesus lehrte, dass es zwei Wege gibt: einen attraktiven, breiten Weg, der zum Verderben führt, und den schmalen Weg, der oft übersehen wurde. »*Geht hinein durch die enge Pforte! Denn weit ist die Pforte und breit der Weg, der zum Verderben führt, und viele sind, die auf ihm hineingehen. Denn eng ist die Pforte und schmal der Weg, der zum Leben führt, und wenige sind, die ihn finden*« (Mt 7,13-14). Der breite Weg ist immer verführerisch, weil viele sogenannte erleuchtete religiöse Führer ihn als Weg des Lebens bezeichnen. Jesus konfrontiert uns mit zwei Wegen, zwei getrennten Pforten und zwei verschiedenen Zielen.

Um Stephen Neill zu zitieren: »[Der christliche Glaube] hält daran fest, dass in Jesu das eine, das Unumgängliche so geschehen ist, dass es niemals wieder auf dieselbe Weise geschehen muss. ... Die Brücke ist gebaut worden. Auf ihr ist Raum für allen notwendigen Verkehr in beiden Richtungen, von Gott zum Menschen und vom Menschen zu Gott. Warum nach einer anderen Brücke Ausschau halten?«[5]

Heute sprechen die Menschen davon, über das Christentum hinaus zu etwas Besserem zu kommen. Die New-Age-Anhänger behaupten, dass das Christentum wie ein Schiff ist, das notwendig ist, um dich über den Fluss zu bringen; aber sobald du aussteigst, bist du frei, darüber hinauszugehen und in eine ganz neue Existenz einzutreten. Das Christentum ist wie kleine Schritte, aber dann müssen wir weitergehen zu etwas, das mystischer, befriedigender oder vollständiger ist. Aber, wie ich einmal jemanden habe sagen hören: Wenn man über die Liebe hinausgeht, kommt man bei der Lust an, wenn man über die Rationalität hinausgeht, wird man verrückt; wenn man über die Medizin hinausgeht, trinkt man Gift. Und wenn man über das Christentum hinausgeht, dann glaubt man an Irrtümer und krassen Betrug. Christus ist der eine Mensch, über den man nie hinausgehen kann, ohne in eine tiefe Kluft zu fallen.

Wenn wir es genau nehmen, ist es gar nicht möglich, über das Christentum hinauszugehen. Wir müssen das Christentum verlassen, wenn wir über es hinausgehen wollen! Wann immer wir versuchen, zum Christentum etwas hinzuzufügen, dann nehmen wir eigentlich etwas weg. So wie Wein durch jeden Tropfen Wasser verdünnt wird, so muss die Kraft des Evangeliums einzigartig bleiben, oder sie wird auf etwas reduziert, das so nie geplant war. Diejenigen, die die Einzigartigkeit Christi opfern, opfern nicht nur einfach einen Teil der christlichen Botschaft, sondern sie opfern das ganze Christentum. Wir können nicht das Fundament wegnehmen und behaupten, dass das Gebäude noch stabil wäre.

Behauptungen einander gegenüber gestellt

Während der russischen Revolution im Jahr 1918 sagte Lenin, dass es für jede Familie genug Brot geben würde, wenn man den Kommunismus einführe. Doch besaß er nicht die Frechheit zu behaupten: »*Ich bin das Brot des Lebens: Wer zu mir kommt, wird nicht hungern, und wer an mich glaubt, wird nie mehr dürsten*« (Joh 6,35).

Hitler stellte erstaunliche Behauptungen über die Rolle Deutschlands auf diesem Planeten auf und glaubte, dass mit ihm ein tausendjähriges Reich beginnen würde. Trotz dieser bizarren Behauptungen hat er aber nie gesagt: »*Wahrlich, wahrlich, ich sage euch: Wer mein Wort hört und glaubt dem, der mich gesandt hat, der hat ewiges Leben und kommt nicht ins Gericht, sondern er ist aus dem Tod in das Leben übergegangen*« (Joh 5,24).

Buddha lehrte die Erleuchtung, doch er starb auf der Suche nach mehr Licht. Er sagte nie: »*Wahrlich, wahrlich, ich sage euch: Wer mein Wort hört und glaubt dem, der mich gesandt hat, der hat ewiges Leben und kommt nicht ins Gericht, sondern er ist aus dem Tod in das Leben übergegangen*« (Joh 8,12).

Mohammed behauptete, dass er und seine Stämme Nachfahren Abrahams durch Ismael seien, einem der Söhne Abrahams. Aber er sagte nicht: »*Wahrlich, wahrlich, ich sage euch: Ehe Abraham war, bin ich!*« (Joh 8,58).

Freud glaubte, dass die Psychoanalyse die geistlichen und emotionalen Schmerzen der Menschen heilen könnte. Aber er konnte nicht sagen: »*Frieden lasse ich euch, meinen Frieden gebe ich euch; nicht wie die Welt gibt, gebe ich euch. Euer Herz werde nicht bestürzt, sei auch nicht furchtsam*« (Joh 14,27).

New-Age-Gurus sagen, dass wir alle wiedergeboren werden, doch keiner von ihnen kann sagen: »*Ich bin die Auferstehung und das Leben; wer an mich glaubt, wird leben, auch wenn er gestorben ist; und jeder, der da lebt und an mich glaubt, wird nicht sterben in Ewigkeit*« (Joh 11,25-26).

Bei einem Bibelabend traf ich eine jüdische Frau, Adriane Millman. Sie erzählte, wie sie verzweifelt jeden Tag betete, dass sie die Wahrheit darüber herausfinde, wie sie zu Gott eine persönliche Beziehung bekommen könnte. Doch allein der

Gedanke daran, dass Jesus vielleicht wirklich der Sohn Gottes, der Messias sein könnte, erschreckte sie. *O Gott*, betete sie oft, *bitte lass es irgendeinen sein, aber nicht Jesus!*

Doch am Ende ihrer Suche, so sagte sie, wurde ihre schlimmste Befürchtung zur Realität – es stellte sich heraus, dass Gott Jesus war! Es gibt einige gute Gründe anzunehmen, dass sie Recht hat. Da das Christentum die erstaunliche Behauptung aufstellt, *»dass Gott in Christus war und die Welt mit sich selbst versöhnte«* (2Kor 5,19), bitte ich Sie eindringlich, sich der Frage zu stellen: *»Wer ist denn dann Jesus? Ist er ein Lügner? Ein Verrückter? Eine Legende? Oder ist er Herr?«* Jesus erlaubt uns einfach nicht den Luxus der Neutralität. Wenn Sie ihn noch nie als ihren Retter angenommen haben, dann tun sie es jetzt. Weniger zu tun hieße, ihn zu verraten.

Vater, ich danke Dir, dass Du Jesus gesandt hast, damit er für meine Sünden stirbt. Ich bekenne, dass er mein Retter und mein Herr ist. Ich nehme ihn jetzt persönlich als den an, der meine Sünde getragen hat. In diesem Augenblick nehme ich das Geschenk des ewigen Lebens an, das Jesus all denen gibt, die an ihn glauben. So gut ich kann, schenke ich dir mein Leben und danke Dir, dass ich für immer zu Dir gehören darf.
Amen.

Anmerkungen

Aus der Feder eines Atheisten

[1] Sam Harris, *Letter to a Christian Nation*. New York: Alfred A. Knopf 2006, S. 3-4.

[2] Harris, *Letter to a Christian Nation*, S. 5.

Der verdrehte Jesus

[1] Joseph Smith, *Revelation? Part 3 – Plundering History*, Sydney Anglicans Network (29. August 2006), http://your.sydneyanglicans.net/indepth/articles/plundering_history/ zuletzt zugegriffen 18.02.2008.

[2] Joseph Stowell, *The Trouble With Jesus*. Chicago, Moody Press 2003, S. 77-78.

[3] Diese Aussage wurde von Darrell Bock während einer Vorlesung über Jesus an der *Beason School of Theology* am 28. July 2006 gemacht.

[4] Robert W. Funk, Roy W. Hoover, und das *Jesus Seminar*, *The Five Gospels: What did Jesus Really say?* New York, Scribener 1993, S. 2.

[5] Jerry Adler, »In Search of the Spiritual«, *Newsweek* vom September 2005, S. 49.

Lüge Nr. 1: Jesu Familiengrab ist entdeckt worden

[1] Craig Evans, *The Jesus Tomb Show – Biblical Archaeologist Reject Discovery Channel Show's Claims*, http://craigaevens.com/tombofjesus.htm zuletzt zugegriffen am 18. April 2007.

[2] Ebd.

[3] James Cameron, »Introduction« in: Simcha Jacobovici and Charles Pellegrino, *The Jesus Family Tomb – the Discovery, the investigation, and the Evidence That Could Change History*. San Francisco: HarperSanFrancisco 2007, S. X.

[4] Jacobivici and Pellegrino, *The Jesus Family Tomb*, S. 71.

[5] Cameron, »Introduction« in *The Jesus Family Tomb*, S. VII.

⁶ Ebd., S. XIII.

⁷ Jacobivici and Pellegrino, *The Jesus Family Tomb*, S. 75.

⁸ Craig Evans, *The Jesus Tomb Show*.

⁹ Ebd.

¹⁰ Ebd.

¹¹ Christopher Mims, »Has James Cameron found Jesus's Tomb or Is It Just a Statistical Error?«, in: *Scientific American* vom 2. März 2007.

¹² Ebd.

¹³ Craig Evans, *The Jesus Tomb Show*.

Lüge Nr. 2: Jesus wurde nicht gekreuzigt

¹ Chawkat Moucarry, *The Prophet and the Messiah – An Arab Christian's Perspective on Islam and Christianity*. Downers Grove: InterVarsity Press 2001), S. 127. Dies ist ein ausgezeichnetes Buch für alle, die ein gründlicheres Verständnis der Rolle Jesu in der islamischen Lehre gewinnen wollen.

² Ebd. S. 135.

³ Norman Geisler and Abdul Saleeb, *Answering Islam*. Grand Rapids: Baker Books 1993, S. 67.

⁴ Moucarry, *The Prophet and the Messiah*, S. 156.

⁵ Peter Jones, *The Gnostic Empire Strikes Back*. Phillipsburg, NJ: P&R Publishing 1992, S. 25.

⁶ Mark Durie, *Revelation? Do We Worship the Same God?* Upper Mt. Gravatt, Australien: CityHarvest Publications 2006, S. 39 und 47.

⁷ Moucarry, *The Prophet and the Messiah*, S. 140.

⁸ Ebd., S. 139.

⁹ Geisler and Saleeb, *Answering Islam*, S. 207-226.

¹⁰ Ebd., S. 230.

¹¹ Ebd.

¹² Moucarry, *The Prophet and the Messiah*, S. 157.

¹³ Ebd., S. 158.

¹⁴ John Piper, *The Passion of Jesus Christ*. Wheaton: Crossway Books 2004, S. 21.

[15] Ebd. S. 20.

[16] Moucarry, *The Prophet and the Messiah*, S. 161.

[17] John Ankerberg and Dillon Burroughs, *Middle East Meltdown*. Eugene, OR: Harvest House Publishers 2007, S. 33.

[18] *Washington Post*, 20. Febr. 2002.

[19] Edward Shillito, »Jesus of the Scars«, *Areopagus Proclamation 10*, Nr. 7 (April 2000).

[20] Vgl. Durie, *Revelation?* S. 25; Moucarry, *The Prophet and the Messiah*, S. 139.

Lüge Nr. 3: Judas hat Jesus einen Gefallen getan

[1] Dante Alighieri, *The Inferno*, Canto XXXIV. Brutus und Cassios wohnen auch in den tiefsten Tiefen, wohl wegen ihres Verrates und Selbstmords.

[2] William Klassen, *Judas: Betrayer or Friend of Jesus?* Minneapolis: Fortress Press, 1996.

[3] James M. Robinson, *The Secrets of Judas*. San Francisco: HarperSanFrancisco, 2006).

[4] E. J. Dionne Jr., »A New twist on Judas: Beyond the Buss over Gospel's Publication« in: *Washington Post* vom 14. April 2006.

[5] Rodolphe Kasser, Marvin Meyer und Gregor Wurst, Hrsg., *The Gospel of Judas* / Das Evangelium des Judas, Washington/Wiesbaden: National Geographic Society / White Star Verlag GmbH 2006, S. 19.

[6] Ebd. S. 20.

[7] Ebd. S. 21-22.

[8] Ebd. S. 33.

[9] Ebd. S. 33.

[10] Ebd. S. 43

[11] Ebd. S. 31.

[12] Ebd. S. 42-34.

[13] Dies ist natürlich die alte Irrlehre, die unter dem Namen *Doketismus* bekannt ist.

[14] Rodolphe Kasser, Marvin Meyer und Gregor Wurst, Hrsg., *The Gospel of Judas*, S. 43.

[15] N. T. Wright, *Judas and the Gospel of Jesus: Have We Missed the Truth about Christianity?* Grand Rapids: Baker Books 2006.

[16] Georg Wurst, »Irenaeus of Lyon and the Gospel of Judas«, in: *The Gospel of Judas*, S. 123.

[17] James M. Robinson, *The Secrets of Judas*. San Francisco: Harper San Francisco 2006, S. vii.

[18] Ebd.

[19] *The Passion Play 2000: Oberammergau*, Gemeinde Ober-ammergau, 2000.

Lüge Nr. 4: Jesus war nur ein Mensch

[1] Erik Reece, »Jesus Without the Miracles – Thomas Jefferson's Bibel and the Gospel of Thomas«, *Harper's*, Dezember 2005, S. 33.

[2] Ebd. S. 24.

[3] Stephen Mitchell, zitiert von David Van Biema in: »The Gospel Truth?«, *Time* vom 8. April 1996.

[4] Rudolf Bultmann, zitiert von David Van Biema in: »The Gospel Truth?«, *Time* vom 8. April 1996.

[5] Robert W. Funk, Roy W. Hoover und das Jesus-Seminar, *The Five Gospels: What Did Jesus Really Say?* New York: Skribener 1993, S. 1.

[6] Ebd.

[7] James D. G. Dunn, *Jesus Remembered*. Grand Rapids: William B. Eerdmans 2003, S. 58.

[8] N. T. Wright, »A Return to Christian Origins (Again)« in: *Bible Review*, Dezember 1999, S. 10.

[9] Funk, Hoover und das Jesus-Seminar, *The Five Gospels: What did Jesus Really say?*

[10] Philip Jenkins, *Hidden Gospel: How the Search for Jesus Lost Ist Way*. Oxford: Oxford University Press, USA 2001, S. 5.

[11] Aussage von Harold Bloom, wie er von Darrell Bock zitiert wird bei einem Interview mit John Ankerberg zum Thema »fehlende Evangelien« (Teil 1) im Rahmen der *John Ankerberg Show*.

[12] Jenkins, *Hidden Gospel*. S. 13.

[13] Bock im Interview mit John Ankerberg zum Thema »fehlende Evangelien« (Teil 6) im Rahmen der *John Ankerberg Show*.

[14] zitiert in: Eckhard J. Schnabel, *Urchristliche Mission*. Wuppertal: Brockhaus Verlag 2002, S. 24.

[15] John Piper, *God Is the Gospel*. Wheaton: Crossway 2005, S. 54.

Lüge Nr. 5: Jesus hatte ein dunkles Geheimnis

[1] Pantera war ein griechischer Name, der zu der Zeit häufig verwendet wurde, insbesondere bekannt als Vorname römischer Soldaten. Der Name wird manchmal als Panthera oder Pentera übersetzt, und die verschiedenen Schreibweisen sind austauschbar.

[2] James D. Tabor, *Die Jesus Dynastie*. München: Goldmann-Verlag 2007, S. 79.

[3] Ebd., S. 291.

[4] Ebd., S. 81.

[5] Ebd., S. 80

[6] Ebd., S. 81.

[7] Ebd., S. 85.

[8] Donald Carson in einem Interwiew mit Martin Bashir, »Jesus Dynasty«, in *Nightline*, NBC News vom 07.04.2006, copyright © ABC News Internet Ventures.

[9] Ebd.

[10] John Shelby Spong, *Born of a Woman: A Bishop Rethinks the Birth of Jesus*. San Francisco: HarperSanFrancisco 1992.

[11] Ebd., S. 18.

[12] Ebd., S. 71.

[13] John Shelby Spong, *Rescuing the Bible from Fundamentalism*. San Francisco, HarperSanFrancisco 1991, S. 116-121.

[14] Spong, *Born of a Woman*, S. 12.

[15] N. T. Wright, *Who was Jesus?* Grand Rapids: William B. Eerdmans, 1992, S. 91.

[16] Teile dieses Kapitels wurden übernommen aus: Erwin W. Lutzer, Christus der Einzige. Bad Liebenzell: Verlag der Liebenzeller Mission 1996, Kap. 4.

Lüge Nr. 6: Jesus ist ein Weg von vielen

1 Ann Oldenburg, »The Devine Miss Winfrey?« in: *USA Today* v. 11. Mai 2006, Leben.

2 Kathryn Lofton, Professorin am *Reed College*, zitiert in: *The Devine Miss Winfrey?*

3 Cathleen Falsani, »There's No denying the power of ›the Oprah‹« in: *Chicago Sunday Times* vom 18. Nov. 2005. Online Version zuletzt aufgerufen am 4. Mai 2007 unter http://findarticles.com/p/articles/mi_qn4155/is_20051118/ai_n15908544. Auch zitiert in: »The Devine Miss Winfrey?«

4 Oldenburg, »The Devine Miss Winfrey?«

5 Marcia Nelson, *The Gospel according to Oprah*. Louisville: Westminster John Knox Press 2005, S. 57.

6 Patty Thomson, »Losing Teagan«, *Bethel Focus*, Frühjahr 2003, http://www.bethel.edu/alumni/Focus/Spring/03/teagan.html letzter Zugriff am 18. Febr. 2008.

7 LaTonya Taylor, »The Church of O« in: *Christianity Today* vom 1. April 2002, S. 43.

8 Ebd., S. 39.

9 Roger Ebert, »Winfrey Confronts the Strength and the Spirits of ›Beloved‹«, *Chicago Sunday Times* vom 11. Oktober 1998. Vgleiche Http://rogerebert.suntimes.com/apps/pbc.dll/article?AID=/19981011/PEOPLE/10010347/1023 zuletzt zugegriffen 8. Juni 2007.

10 Nelson, *The Gospel According to Oprah*, S. 83.

11 John Piper, *God Is the Gospel*, S. 13.

12 Al Mohler, »Now, Wait Just a Minute ... When Is a Blurb Not a Blurb?« in: www.AlbertMohler.com vom 19. Januar 2006. http://www.albertmohler.com/blog_read.php?id=466 zuletzt zugegriffen 27. Februar 2008.

13 »One way or many ways? The Gospel According to Oprah«, Watchman Fellowship. Transkript von Video-Mitschnitt. Http://www.watchman.org/oprah.htm zuletzt zugegriffen 27. Februar 2008.

14 Cornelius Platinga Jr., *Not the Way It's Supposed to Be: A*

Breviary of Sin. Grand Rapids: William B. Eerdmans 1995, S. xii.

[15] Ebd. S. 100-101. Platinga zitiert Mary Midgley, *Can't We Make Moral Judgements?* New York: St. Martin's 1991, S. x.

[16] Donald W. McCullough, *The Trivialization of God*. Colorado Spring: NavPress 1995, S. 86.

[17] Platinga, *Not the Way It's Supposed to Be: A Breviary of Sin,* S. 8.

Einen Jesus finden, dem Sie vertrauen können

[1] Michael Baigent, *The Jesus Papers*. San Francisco: HarperCollins 2006, S. 269-70.

[2] Um diese Behauptungen zu unterstützen, vgl.: Ron Rhodes, *Answering the Objections of Atheists, Agnostics and Skeptics*. Eugene, OR: Harvest House 2006, S. 123-153.

[3] Paul W. Barnett, *Jesus and the Logic of History*. Downer's Grove, IL: InterVarsity Press 1997, S. 140.

[4] Ebd. S. 138.

[5] Stepehn Neill, *Crisis of Belief*. London: Hodder and Stoughton 1984, S. 31.

Buchempfehlungen

Erwin W. Lutzer
Der »Da Vinci Code«
Fakt oder Fiktion?
Dan Browns Sakrileg entlarvt
ISBN 978-3-89436-468-
Gebunden, 160 Seiten, EUR (D) 9,90

In seinem Bestseller-Roman verwischt Dan Brown die Grenze zwischen Wahrheit und Fiktion. Indem er die Wahrheit verzerrt, unterstellt er, dass das Christentum auf einer Lüge basiert. Erwin Lutzer untersucht die »Fakten« Dan Browns und klärt die Verwirrung um das Leben Jesu und den christlichen Glauben, die dieser stiftet.

Erwin W. Lutzer
Seine schwerste Stunde
Einblicke in das Herz Jesu am Kreuz
ISBN 978-3-89436-469-
Gebunden, 160 Seiten, EUR (D) 12,90

In seiner bewegenden und tief gehenden Studie über das zentrale Ereignis christlichen Glaubens fordert Erwin Lutzer uns heraus, das Kreuz nicht nur als Zeichen unserer Erlösung zu begreifen, sondern auch als unseren eigenen Lebensstil anzunehmen.

Christliche Verlagsgesellschaft mbH
Kompetent. Profiliert. Engagiert.